Das Gender-Virus

Das Gender-Virus

Wie man uns mithilfe der Sprache manipulieren will

Baron Árpád von Nahodyl Neményi

Schriften zur Zeitgeschichte

Buchbeschreibende Angaben der Deutschen Nationalbibliothek:
Die Deutsche Nationalbibliothek verzeichnet diese Veröffentlichung in der
Deutschen Nationalbibliographie; genauere buchbeschreibende Angaben
sind im Weltnetz über www.dnb.de abrufbar.

**Herstellung und Verlag: BoD – Books on Demand, Norderstedt
ISBN 978-3-7534-9577-4**

Inhalt

Vorwort

Es gibt reale Viren, wie z. B. das Corona-Virus, die die Körper der Menschen befallen und sie nutzen, um weitere Viren zu produzieren. So vermehrt sich das Virus weiter, meist zum Schaden seines Wirtes. Aber es gibt auch gedankliche Viren, Mem-Viren (mem = memory, Gedächtnis), die die Menschen befallen. Es sind „fixe Ideen" die irgendwer in Umlauf bringt, und die dann plötzlich von allen übernommen werden; ein Lernen durch Nachahmung wie bei einer Affenhorde. Ein Beispiel dafür ist die „Euro-Schlaufe": Bis zu ihrem Aufkommen war es üblich, einen Schal um den Hals zu legen und vorne mit einem Knoten zu schließen oder vorne zumindest die Enden überkreuz zu legen. Dann kam der Mem-Virus der Euroschlaufe und plötzlich sah man überall nur noch Menschen, die ihren Schal auf diese Weise banden. Der Schal wird in der Länge halbiert, dann so um den Hals gelegt, daß auf der einen Seite die beiden Enden, auf der anderen die Schlinge herunterhängen. Dann werden die beiden Enden durch diese Schlaufe gesteckt und angezogen.

Ich frage mich bis heute, wer damit angefangen hat und wer den Menschen diese Art beibrachte und warum alle das nachäfften. Mich hat nämlich niemand entsprechend unterrichtet, ich sah nur diese neue Art des Schalbindens überall bei andern Menschen. Als wenn sie alle eine heimliche Absprache verabredet hätten und mich dabei ausgeschlossen haben. Die Verschwörung der Euroschlaufen-Mem-Virus-Befallenen sozusagen.

Inzwischen ist ein neuer Mem-Virus im Umlauf, der „Genderwahn" oder „Gender-Wahnsinn". „Gender" ist ein aus dem Lateinischen stammendes englisches Wort und bedeutet „Geschlecht" (lat. genus = Gattung). Der Begriff „Gender" wurde aber von den Gender-Ideologen wie z. B. dem Linguistikprofessor Judith Butler in der Form erweitert, daß Gender heutzutage das „soziale Geschlecht" umschreibe. Alle tradierten Geschlechterbilder sind demnach nur eine Rollenzuschreibung von außen. Wie es schon Simone de Beauvoir schrieb, „als Frau wird man nicht geboren, man wird dazu gemacht".

Der Gender-Mem-Virus ist viel gefährlicher als der Euroschlaufen-Mem-Virus, da er sich gegen unsere Sprachtradition, gegen unsere Kultur und gegen unsere Wertvorstellungen richtet und weil er zugleich einen Totalangriff auf unsere Sprache und unsere damit verbundene Identität darstellt. Auch wird damit eine neue Schlacht auf dem Felde des Geschlechterkampfes eröffnet. Mit dem Verändern der Sprache ist bezweckt (und das wird sogar offen zugegeben), zugleich auch das Denken der Menschen zu verändern, ja zu manipulieren, denn Sprache ist bekanntlich Ausdruck des Denkens; veränderte Sprache – so der Umkehrschluß – bewirkt auch im Denken eine Veränderung. Man will die Menschen also nicht durch Aufklärung und umständliche Argumentation überzeugen, sondern wählt lieber den unterschwelligen Weg der Beeinflussung durch die Sprache – offenbar ist den Urhebern dieser Methode klar, daß ihre „Argumente" nicht überzeugen, daß sie also auf dem üblichen Weg der Erörterung des Für und Wider, der in einer Demokratie eigentlich der einzigste Weg sein sollte, nicht punkten können. So setzen sie auf die über die Sprache erfolgende unauffällige Gedankenmanipulation, in Verbindung mit einer regelrechten „Sprachpolizei", die jede in ihren Augen falsche oder unzulässige Aussage und Wortwahl rügt und die Betreffenden versucht, vom Kulturbetrieb auszugrenzen. Das ist eine besonders perfide Form des Mobbing; unterstützt von 190 Gender-Professuren (2017, inzwischen sollen es 240 sein), 180 davon mit weiblichen Professoren besetzt (die Anzahl der Geschlechtsablehnenden darunter ist unbekannt), die hauptamtlich und hochbezahlt in Deutschland nichts anderes zu tun haben, als die Sprache zu gendern und dem ahnungslosen Bürger einzureden, es gäbe nicht nur zwei, sondern 3 oder mehr Geschlechter, die natürlich alle diskriminiert würden (außer dem männlichen Geschlecht, versteht sich).

Gerade diese 180 weiblichen und diversen „ProfessorInnen" beweisen durch ihre Unfähigkeit, wissenschaftlich korrekt arbeiten zu können, daß das weibliche Geschlecht eben doch nicht alles kann und man besser fährt, wenn man weibliche Professoren nicht leichtfertig beruft. So leisten die Gender-Professorinnen der Emanzipation einen Bärendienst, da sie zeigen, daß sie von ihrer emotional begründeten Einseitigkeit nicht zu einer wissenschaftlich nötigen Objektivität und Distanziertheit zum Forschungsgegenstand gelangen können. Ablehnende Emotionen verhindern die Anerkennung auch grundlegender Fakten, nämlich daß das Genus nicht gleich dem Sexus ist (d. h. das grammatikalische Geschlecht der Wörter nichts mit dem biologischen Geschlecht der Lebewesen zu tun hat).

Inzwischen wurde das „Gender Mainstreaming" in der EU zur politischen Richtlinie erhoben; es gibt in Vilnius ein eigenes EU Gender-Institut (EIGE), welches die Gender-Ideologie in den Mitgliedsländern durchsetzen soll. Ein „Gender-Kompetenzzentrum" berät vor allem Politiker und Entscheidungsträger in Genderfragen und steht mit der ideologischen Gender-Forschung in Verbindung. Namhafte Kritiker der Gendertheorie, wie z.B. der Mainzer Soziologe und Kriminologe Prof. Dr. Dr. Bock, werden mundtot gemacht.

Für den Gender-Unsinn gibt es keinerlei biologische oder grammatikalische Argumente, doch kennen sich viele leider nicht genau damit aus und fallen auf den Wahnsinn herein. Der Begriff „Genderwahn" existiert übrigens seit dem 6. 6. 2008, wo Karlheinz Klement ihn in einer Rede im österreichischen Nationalrat zuerst nannte. In diesem Buch will ich Argumente liefern gegen den Genderwahn in der Sprache und im realen Leben. Das Buch ist also als Vakzin gegen den Genderwahn-Memvirus gedacht. Es handelt sich genaugenommen um eine Ideologie, die auf zweifelhaften Voraussetzungen fußt und sich gegen jede Kritik von außen abschirmt und versucht, ihre Kritiker zum Schweigen zu bringen. Somit handelt es sich um eine totalitäre Ideologie . Es ist das Kennzeichen jedes Totalitarismus, daß er Menschen ohne demokratische Legitimierung zu neuem Verhalten umerziehen will.

Dieses gewaltige Umerziehungsprogramm „für Geschlechter-Gerechtigkeit" kostete die europäischen Steuerzahler nach einer vorsichtigen Rechnung bisher 3,56 Milliarden Euro.

Meinen eigenen Standpunkt will ich hier gleich offen mitteilen: Ich halte die Genderianer für verrückt. Deswegen gibt es hier auch einige etwas härtere Formulierungen. Es ist verrückt, überall männliche Unterdrückung und Vorherrschaft hineinzuinterpretieren, auch bei unschuldigen grammatikalischen Geschlechtern, und es ist noch verrückter, diesen „Feind" überall austilgen zu wollen.

Zum Glück sind die Genderwahnsinnigen in der Minderheit, aber umso lauter schreien sie. Nur 14 % der von einer You-Gov-Umfrage Befragten plädierten für eine Gendersprache, die Mehrheit ist dagegen.

Da es sich beim Genderwahn um eine totalitäre und gefährliche Ideologie handelt, ist jeder Bürger aufgerufen, diese überall, wo sie erscheint, aktiv zu bekämpfen. Argumente dafür will dieses Buch liefern.

A. v. Nahodyl Neményi

10

Kapitel 1

Warum Gender-Sprache?

Bevor ich mich mit Einzelheiten befasse, will ich die Frage aufwerfen, warum jetzt plötzlich überall angefangen wird, unsere Sprache zu „gendern". Die Berufung auf das Gleichberechtigungsgebot des Grundgesetzes kann es nicht sein, denn dieses gilt ja schon seit 1948, und wir sind damit über 70 Jahre gut ausgekommen, ohne deswegen unsere Sprache zu verunstalten.

Dann gab es einen Beschluß des Bundesverfassungsgerichts von 2017 (und in der Folge einen Gesetzentwurf von 2018), wonach Personen, die sich keinem der beiden Geschlechter zuordnen lassen, künftig in den Personenstandsurkunden als „divers" oder „ohne Angabe" eingetragen werden können. Aber auch dieser Beschluß bezieht sich ja nicht auf die bestehenden Geschlechter. Es mag gegen Grundrechte verstoßen, wenn ein Zwitter genötigt wird, sich als Junge oder Mädchen registrieren zu lassen, aber mit der Sprache hat das eigentlich nichts zu tun. Also werde ich hier einmal Stimmen von Genderwahnsinnigen zitieren.

Die „Gesellschaft für deutsche Sprache" (GfdS) ist eine eher linke Institution, was man u. a. daran erkennen kann, daß sie bis 1994 jeweils ein „Unwort des Jahres" veröffentlichte, welches immer nur aus einem linken Blickwinkel heraus ein „Unwort" ist. Das waren 1991 „ausländerfrei" (für Menschen aus rechten Kreisen ist „ausländerfrei" kein Unwort, sondern ein legitimes, anzustrebendes politisches Ziel), 1992 „ethnische Säuberung" und 1993 „Überfremdung" (die Angst auszudrücken, im eigenen Lande fremd zu werden, ist für die GfdS ein „Unwort") – man sieht, daß die GfdS eine mono-ethnische Gesellschaft ablehnt und wohl eher der linken Fiktion einer multikulturellen Gesellschaft nahesteht. Seit 1994 bestimmt eine ebenfalls linke Jury das „Unwort des Jahres".

Die GfdS schreibt zum Genderwahn in den „Leitlinien der GfdS zu den Möglichkeiten des Genderings:

»Die Gleichberechtigung von Frauen und Männern ist in Artikel 3 Absatz 2 des Grundgesetzes verankert. Ein wichtiger Aspekt, um die Gleichbehandlung sicherzustellen, ist eine geschlechtergerechte Sprache. War man bisher in weiten Teilen der Gesellschaft von einem zweigeschlechtlichen Modell ausgegangen, so befindet sich diese Sichtweise derzeit im Umbruch und es wird auch gesetzlich auf die offizielle Anerkennung eines dritten Geschlechts hingewirkt (Beschluß des Gesetzentwurfs vom 15. August 2018). In dieser Hinsicht sind auch sprachliche Faktoren in Augenschein zu nehmen, um allen Geschlechtern gerecht zu werden. Da es für das dritte Geschlecht jedoch bislang weder eindeutige Bezeichnungen noch adäquate Pronomen, Anrede- oder Flexionsformen gibt, soll dieser Punkt für den Moment unberücksichtigt bleiben (...) Es gilt als erwiesen, daß Sprache die Wahrnehmung lenkt, so daß es notwendig ist, sprachliche Gleichberechtigung umzusetzen, um die im Grundgesetz verankerte gesellschaftliche Gleichbehandlung von Männern und Frauen zu stützen. Beispielsweise benötigen einer Studie zufolge Frauen im Vergleich zu Männern mehr Zeit, um einen Text zu verstehen, in dem das generische Maskulinum verwendet wurde, denn sie müssen stets – auch unbewußt – am Kontext überprüfen, ob sie tatsächlich mitgemeint oder im Einzelfall nur Männer angesprochen sind. Neue Mittel sind nötig.«

Interessant ist hier, daß sowohl das Grundgesetz, als auch der Beschluß des Bundesverfassungsgerichtes von 2017 angeführt werden. Im Grundgesetz sei die gesellschaftliche Gleichbehandlung von Männern und Frauen enthalten.
In Artikel 3, Abs. 2 und 3 des Grundgesetzes heißt es aber nur:

»(2) Männer und Frauen sind gleichberechtigt. Der Staat fördert die tatsächliche Durchsetzung der Gleichberechtigung von Frauen und Männern und wirkt auf die Beseitigung bestehender Nachteile hin.
(3) Niemand darf wegen seines Geschlechtes, (...) benachteiligt oder bevorzugt werden.«

Im Text steht nirgends „Gleichbehandlung" sondern „Gleichberechtigung". Den Vätern des GG ging es nicht darum, daß Männer und Frauen gleichbehandelt werden sollten; deswegen mußten Frauen ja auch nicht zum Wehrdienst. Es ging allein um gleiche Rechte.

In den Begründungen des Genderwahns finden wir sehr oft den Bezug zum Beschluß des Bundesverfassungsgerichtes von 2017. Es ging dabei um einen seit der Geburt als Mädchen eingetragenen Menschen, der einen a-typischen Chromosomensatz (Turner-Syndrom) aufwies und sich dauerhaft weder dem männlichen, noch dem weiblichen Geschlecht zugehörig fühlen wollte. Das Bundesverfassungsgericht urteilte, daß für diese und derartige Personen die Eintragung in den Personenstandsurkunden offenbleiben oder als „divers" eingetragen werden könne, da sonst ein Verstoß gegen Art. 3 Abs. 3 des GG (siehe oben) vorliegen würde.

Das Turner-Syndrom ist aber eine Erkrankung bei Mädchen, wobei ihnen das zweite Geschlechtschromosom fehlt. Sie haben nur ein einzelnes X-Chromosom. Die Ursache des Syndroms ist eine fehlerhafte Verteilung der Geschlechtschromosomen meist während der postmeiotischen Keimzellteilung, Sie haben häufig Kleinwuchs und sind unfruchtbar, müssen ab dem 12. Lebensjahr mit Hormonen behandelt werden.

Ein krankes Mädchen lag also dem Beschluß des Bundesverfassungsgerichtes für eine Geschlechtseintragung eines angeblichen dritten Geschlechts und der Eintragung in den Personenstandsurkunden mit „divers" zu Grunde. Nach einer Untersuchung bekennen sich in ganz Deutschland nur 300 Personen zu keinem der beiden Geschlechter.

Aber auch die Bundesärztekammer hatte schon 2015 über Varianten bzw. Störungen der Geschlechtsentwicklung eine Stellungnahme veröffentlicht:

»Unter Varianten der Geschlechtsentwicklung werden angeborene Variationen der genetischen, hormonalen, gonadalen und genitalen Anlagen eines Menschen mit der Folge verstanden, daß das Geschlecht einer Person nicht mehr eindeutig den biologischen Kategorien ‚männlich' oder ‚weiblich' entspreche. Eine Gleichsetzung mit Fehlbildung oder Krankheit sei nicht angemessen.«

Hier sind wohl eher sog. „Zwitter" gemeint, also Kinder, die sowohl männliche, als auch weibliche Geschlechtsmerkmale aufweisen.
Das allgemeine Landrecht für die Preußischen Staaten von 1794 war da eindeutiger. Wenn Zwitter geboren werden, sollten die Eltern bestimmen, zu welchem Geschlecht das Kind erzogen wird. Wenn das Kind 18 Jahre alt ist, sollte es frei wählen dürfen, zu welchem Geschlecht es sich selbst zuordnete.

Damals gab es noch keine genetischen Untersuchungen; heute hingegen kann man an Hand der Gene eines Kindes auch bei unklaren Geschlechtsmerkmalen feststellen, ob es ein Junge oder Mädchen ist. Auch die Klägerin vor dem Bundesverfassungsgericht war ein Mädchen, denn auch nur ein einzelnes X-Chromosom zu haben bedeutet, daß man ein Mädchen ist, und so wurde das Kind ja auch zuerst amtlich eingetragen. Ein unter einem Gendeffekt leidendes Mädchen bleibt ein Mädchen. Es gibt nur wenige Ausnahmen (eine Frau mit weiblichen Genitalen aber männlichen Chromosomen XY, ein XX-Mann mit männlichem Phänotyp und Männer mit den Chromosomen XXYY, XYY und XXY). Der Beschluß des Bundesverfassungsgerichtes war also im konkreten Falle falsch, denn wir haben nicht das Recht, uns willkürlich aussuchen zu dürfen, welches Geschlecht wir gerne haben möchten.

Trotzdem wurde aus dem Beschluß des Bundesverfassungsgerichtes Ende 2018 ein neuer Paragraph (§ 45b PStG). Danach haben Menschen, die wegen einer Variante ihrer Geschlechtsentwicklung weder dem weiblichen noch dem männlichen Geschlecht eindeutig zugeordnet werden können (Intersexuelle), nun die Möglichkeit, im Geburtenregister die Bezeichnung „divers" eintragen oder den Geschlechtseintrag offen zu lassen. Ältere Betroffene können die Eintragungen und auch ihre Vornamen nun nachträglich leicht ändern. Voraussetzung ist das tatsächliche Vorliegen einer Variante der Geschlechtsentwicklung, als Nachweis dafür muß eine ärztliche Bescheinigung vorgelegt werden. Es geht hier also genaugenommen auch nur um Fehlbildungen, also um Krankheit, nicht um zusätzliche Geschlechter.

Auch die öffentlich-rechtlichen Rundfunkanstalten verwenden inzwischen sehr häufig die Gendersprache. Das zum Deutschlandfunk gehörende Deutschlandradio stellte einen Ratgeber zusammen, in dem der Genderwahn so begründet wird:

»Für uns als Medienunternehmen spielt der Umgang mit Sprache eine herausragende Rolle. Sprache beeinflußt maßgeblich, welches Bild von der Welt wir vermitteln. Und Sprache verändert sich, sie greift gesellschaftliche Veränderungen auf und prägt sie zugleich. Deutschlandradio hat dabei eine besondere Verantwortung, auch wenn es um die sprachliche Gleichstellung der Geschlechter geht. Geschlechtergerechtigkeit ist für uns Anspruch und Verpflichtung, in allen Bereichen unseres Hauses – und in dem Bewußtsein, daß noch manches zu tun bleibt. Mit dieser Handreichung, die eine abteilungsübergreifende Arbeitsgruppe im Auftrag der Geschäftsleitung erstellt hat, gehen wir einen weiteren Schritt in Richtung Diskriminierungsfreiheit und Gendersensibilität.

Die Empfehlungen setzen dabei nicht allein auf die Nennung der Geschlechter, sondern vor allem auf Lust und Kreativität beim Formulieren. Denn es gibt zahlreiche Alternativen zum sogenannten generischen Maskulinum, der sprachlichen Einengung auf die männliche Form. Die folgende Übersicht ist insofern weder abschließend noch dogmatisch. Sie gibt Anregungen, die zukünftig in der internen Kommunikation – von Mails über Konzeptpapiere bis zum Intranet – und in der externen Kommunikation – von unseren Onlineauftritten bis zu Pressearbeit, von Korrespondenzen bis zu Broschüren und Programmheft – und natürlich auch on Air berücksichtigt werden sollen. Das ist bisweilen herausfordernd, und gerade in den Programmen ist und bleibt Hörbarkeit und Verständlichkeit oberste Maßgabe. Doch es ist in allen genannten Bereichen unser Anspruch, geschlechtliche Gleichberechtigung und Vielfalt in unseren Radio-und Arbeitsalltag zu integrieren.«

Genauso äußert sich die Universität Hamburg (Informationsblatt geschlechtergerechte Verwaltungssprache):

»Die Universität Hamburg verpflichtet sich zur Umsetzung und Weiterentwicklung des Gender- und Diversity-Mainstreamings. (...) Dazu gehört auch die Ebene der Sprache, die die Mitglieder der Universität Hamburg als Arbeitnehmerinnen und Arbeitnehmer verwenden. Konkret bedeutet dies wiederum, daß eine geschlechtergerechte Sprache zu verwenden ist, die Frauen und Männer gleichermaßen berücksichtigt. Eine rein maskuline Sprache verfestigt Geschlechterstereotype, stellt Männer als Mehrheit dar und zeigt ausschließlich Männer in dominanten Positionen. Frauen fühlen sich durch den männlichen Sprachgebrauch deswegen häufig nicht angesprochen. Eine geschlechtergerechte Sprache zu verwenden, bedeutet, Frauen und Männer auch sprachlich gleichermaßen zu berücksichtigen.«

Der StuRa (Studentenrat) der Universität Freiburg begründet die Genderei so:

»Sprachhandlungen spiegeln gesellschaftliche Strukturen und Machtverhältnisse wider. Und sie manifestieren und reproduzieren sie.
Es ist üblich, daß in der deutschen Sprache unbewußt das generische Maskulinum benutzt wird. Diese Konvention ist ein Produkt einer patriarchalen Gesellschaft, die das Maskulinum zum Universellen erklärt (wie es z.B. im Englischen „mankind" sichtbar ist). Es ist wichtig, zu überdenken, was der Gebrauch von Sprache für Konsequenzen haben kann. Indem wir das generische Maskulinum täglich gebrauchen, werden patriarchale Machtstrukturen bestätigt und erneuert.
Vermutlich sind sich die meisten einig darüber, daß wir nicht mehr in einer Gesellschaft leben wollen, in der Machtverhältnisse und Chancen vom Geschlecht abhängen. Und wir denken, daß den meisten klar ist, daß dieser Zustand noch nicht erreicht ist.

Das Verändern von sprachlich üblichen Formen tragt dazu bei, auf Ungleichheiten aufmerksam zu machen und bisherige Normen zu entselbstverständlichen. Wir brauchen also Alternativen zum generischen Maskulinum.«

Auch hier wird mit einer Behauptung argumentiert, die in keinster Weise irgendwie begründet wird, nämlich daß die deutsche Sprache nicht geschlechtergerecht und patriarchal sei und damit auch nicht zeitgemäß. Diesen Fehler sieht auch der Typograph und Autor Friedrich Forßmann so. Er sagte im „Deutschlandfunk Kultur“:

»Es wird der Sprache unterstellt, ungerecht zu sein. Die Unterstellung: „Sie ist über die Jahrtausende hinweg als eine ungerechte Sprache entstanden. Und das müssen wir korrigieren. Wer nicht mitmacht, der ist auf der falschen Seite.“ Denn wenn die „Behauptung, daß das Deutsche mit dem generischen Maskulinum ungerecht ist“, aufrechterhalten würde und der Genderstern Teil der natürlichen, verwendeten Sprache würde, müßte früher entstandene Literatur natürlicherweise als sexistisch wahrgenommen oder „in die Gendersprache übersetzt“ werden, so auch etwa Gedichte von Rilke. Das würde „eine enorme historische Distanz herbeiführen“, ein sprachgeschichtliches Opfer, dessen Nutzen er nicht sehe.«

Auch ich widerspreche der Ansicht, daß unsere Sprache ungerecht sein soll. Die deutsche Sprache berücksichtigt alle Geschlechter und ist durchaus zeitgemäß.

Kapitel 2

Das grammatikalische Geschlecht

Unsere Sprache kennt „männliche" und „weibliche" Hauptwörter, und es liegt nahe, diese mit den biologischen Geschlechtern, Männern und Frauen, zu verbinden. Der Artikel „der" bezeichnet danach männliche (masculine) Wörter und männliche Wesen, der Artikel „die" weibliche (feminine) Wörter und weibliche Wesen. Das erschien immer logisch und nachvollziehbar, denn man sagt ja „der Mann" und „die Frau" – grammatikalische Geschlechter sind also für den Laien mit den biologischen Geschlechtern identisch. Diese Annahme ist aber falsch. Die grammatikalischen Geschlechter sind eben nicht mit den biologischen Geschlechtern identisch.

Eigentlich sieht man es schon daran, daß die Sprache auch noch einen sächlichen (neutrum) Artikel kennt, nämlich „das". Da es aber in der Wirklichkeit kein sächliches Geschlecht gibt, kann man grammatikalische Geschlechter eben nicht mit biologischen kombinieren. Gerade das angebliche sächliche Geschlecht ist gar nicht sächlich, denn „das Kind" oder „das graue Männchen" im Märchen sind jeweils Wesen mit biologischen Geschlechtern, was im Artikel „das" gar nicht vorkommt.

Wir sagen, wenn wir eine Katze sehen, „die Katze", auch dann, wenn es sich um einen Kater handelt, wir benutzen also ein sog. „generisches Femininum", also ein grammatikalisch weibliches

Wort für alle Geschlechter in der Tierart der Katze. Wir sagen „die Maus" auch dann, wenn wir gar nicht wissen, ob es ein „Mäuserich" ist oder eine weibliche Maus. Wir sagen „die Enten" auch wenn Erpel dabei sind. Wir sagen „die Giraffe", „die Mücke", „die Fliege", „die Amsel", „die Drossel", „die Bachstelze", „die Nachtigal", „die Unke", „die Eidechse", „die Hyäne", ohne deren Geschlecht zu kennen, aber dann auch „der Storch" auch bei einer Störchin. Wir sagen „das Baby", benutzen also einen sächlichen Artikel, ein generisches Neutrum, obwohl es sich um einen Jungen oder ein Mädchen handeln kann. Wir sagen „das Fräulein" oder „das Mädchen" zu eindeutig weiblichen Wesen. Auch bei den Tieren gibt es ein generisches Neutrum, „das Nashorn", „das Krokodil", „das Pferd", „das Rind" (aber: „der Stier", „die Kuh"), „das Schaf" usw. Wäre das grammatikalische Geschlecht mit dem biologischen identisch, müßte man doch auch in der Einzahl „die Mädchen" oder „die Fräulein" sagen, sonst spricht man ihnen ja ihre Weiblichkeit ab und macht sie zu einer Sache, da ja hier der sächliche Artikel „das" steht.

Und erst recht zeigt sich bei Gegenständen, daß das grammatikalische Geschlecht nichts mit einem tatsächlichen, biologischen Geschlecht zu tun hat. Oder ist „der Tisch" männlich? Vielleicht weil seine Beine phallisch mißdeutet werden könnten oder sein Holz hart ist? Und „die Seife" ist dann weich und wohlriechend, also weiblich? Spätestens bei einer Kanne klappt diese Zuordnung nicht, denn wir sagen „die Kanne", obwohl sie aus hartem Porzellan besteht und ihr Gußschnabel doch eher phallisch und männlich wirken könnte. Unsere Sprache hat für alle Dinge Artikel und teilt sie damit in masculin, feminin und neutrum ein, auch da, wo es sich nicht um Lebewesen handelt. Der Teller, die Tasse, der Löffel, die Gabel, das Messer – uns erschließt sich nicht, warum ein Löffel männlich und eine Gabel weiblich sein sollte. Hand aufs Herz, lieber Leser, haben Sie je bei „Löffel" irgendwie an Männliches gedacht und bei Gabel an Weibliches? Haben Sie je „Tisch" mit Männlichem verbunden und Komode mit Weiblichem? Wahrscheinlich nicht. Es sind feststehende Begriffe, und niemand bringt da Vorstellungen von biologischen Geschlechtern mit hinein; auch niemand würde hier überhaupt nachzählen, ob es mehr grammatikalisch männliche oder grammatikalisch weibliche Dinge gibt. Das auszuzählen wäre tatsächlich krankhaft.

Es bleibt die Frage, wer den Artikel „der" als masculin definiert hatte. Wäre es nicht denkbar, daß dieser Artikel in Wahrheit feminin oder neutrum ist und nur unsere Definitionen willkürlich waren? Sie gingen nämlich von der Grundform in der Einzahl (nominativ-singular) aus. Weil in dieser Form die Bezeichnungen für männliche Wesen mehrheitlich den Artikel „der" haben, wurde der Artikel per Definition als „masculin" erkannt. Warum aber ging man von der Grundform in der Einzahl aus, wäre nicht die Mehrzahl genauso möglich gewesen, vielleicht noch besser geeignet, die Zuordnung eines Artikels zu einem Geschlecht zu definieren? Wenn man eine ganze Gruppe von Männern bezeichnen will, dann müßte der dafür nötige Artikel doch unbedingt „männlich" sein. In der Grundform in Mehrzahl (nominativ plural) sagen wir bekanntlich „die Männer" – also könnte auch der Artikel „die" der masculine Artikel sein, wenn wir unsere Definition statt von der Einzahl von der Mehrzahl genommen hätten. Das taten unsere Vorfahren bekanntlich nicht, aber hätten sie es gemacht, würden heute alle Worte mit dem Artikel „die" wahrscheinlich dem Genderwahn zum Opfer fallen.

Ich will mit diesem Beispiel nur zeigen, daß es eine willkürliche Festsetzung war, die „der" als masculin und „die" als feminin definierte.

Was die angeblich masculine Endung „-er" (in „Lehrer") betrifft, so geht sie auf die lateinische Endung „-ari-" (z. B. in „Instrumentarium") zurück und ist selbst keine auf ein Geschlecht festgelegte Endung, ist also „geschlechtsunspezifisch" – Tatsachen, die die Gender-Ideologen geflissentlich ignorieren oder gar nicht kennen.

Es gibt genug Beispiele dafür, daß auch der feminine Artikel für alle biologischen Geschlechter stehen kann, sowohl in der Einzahl, als auch in der Mehrzahl. Das Beispiel „die Katze", „die Katzen" hatte ich bereits gebracht; „die Person" kann männlich oder weiblich sein, „die Personen" auch. „Die Lehrkraft" ist ein feminines Wort und steht doch für alle biologischen Geschlechter. Viele weitere Beispiele sind möglich, z. B. „die Mitglieder" (Einzahl sächlich: „das Mitglied"). Es ist also nicht immer so, daß der masculine Artikel „der" für beide biologischen Geschlechter steht; manchmal steht auch der feminine Arikel für die biologischen Geschlechter, und manchmal wie erwähnt sogar der sächliche Artikel.

Was von den Genderwahnsinnigen immer wieder geflissentlich übersehen und übergangen wird, sind die Beugungsformen in die vier Fälle (Werfall, Wesfall, Wemfall und Wenfall oder Nominativ, Genitiv, Dativ und Accusativ). Aus „die Katze" wird dann im Dativ „der Katze" wenn man sagt: „Ich gebe Futter ‚der Katze'." Ist eine Katze nun auf einmal männlich, zum Kater geworden, da sie plötzlich den männlichen Artikel bekommt? Eher nicht. Oder „die Dame": „Bietet ‚der Dame' doch bitte einen Stuhl an" – da ist nun der masculine Artikel für ein weibliches Wesen verwendet, genauso bei „die Frau" wechselt der Artikel im Dativ zu „der Frau" („der Frau geht es gut").

Diese Beispiele zeigen, daß die grammatikalischen „Geschlechter" nichts mit den biologischen zu tun haben. Es gibt daher keinen

Grund, Wörter mit einen masculinen Artikel zu ersetzen oder zu verweiblichen; ja, es ist reine Definitionsfrage, den Artikel „der" überhaupt als masculin zu sehen. Vielleich wäre eine Einteilung der grammatikalischen Artikel statt in masculin, feminin und neutral in Artikel A, B und C besser. Dann allerdings würden Genderwahnsinnige sich wohl darüber aufregen, daß der erste Buchstabe etwas häufiger für biologisch männliche Wesen steht und die unterdrückten Frauen nur den zweiten Buchstaben bekämen.

Man hätte das „generische masculin" mit dem Artikel „der" besser in ein „generisches plenus" (eine „alles umfassende Form") umnennen sollen, dann wäre auch dem letzten Genderwahnsinnigen klar, daß diese Form alle biologischen Geschlechter umfaßt, und nur dort, wo der Artikel „der" allein männliche Wesen bezeichnet, sollte man dann vom „masculinen Artikel" reden. Also:

Der Mann (masculin, m);
Die Frau (feminin, f);
Das Haus (neutrum, n);

Der Bäcker (generisches plenus, m);
Die Katze (generisches plenus, f);
Das Kind (generisches plenus, n);

In der deutschen Sprache steht in der Regel die grammatikalisch masculine Form für beide biologischen Geschlechter. Das war schon immer so und ist unsere Sprachtradition. In der mitteldeutschen Zone war es noch ganz normal, vom „Minister für Volksbildung Margot Honecker" oder dem „Minister für Justiz Hilde Benjamin" zu reden. Ja, eigene weibliche Berufsbezeichnungen waren geradezu verpönt, da sie das Geschlecht unnötig in den Vordergrund stellten und damit einen Unterschied betonten, den man in der „DDR" nicht wollte. Es gab keinen „ArbeiterInnen und BäuerInnen-Staat".

Heutige Politiker, die die Zuhörer mit „Liebe Bürger und Bürgerinnen" anreden, offenbaren nicht nur Ahnungslosigkeit von unserer Sprache, sondern sie scheinen damit regelrecht unzufrieden zu sein und zeigen auch den plumpen Versuch, sich bei unwissenden Damen anbiedern zu wollen. Das Wort „Bürger" umfaßt ja bereits männliche und weibliche Bürger; eines „-innen" bedarf es nicht, zumal der Begriff ja sogar den weiblichen Artikel trägt: „die Bürger" (nur in der Einzahl in der Grundform nicht: „der Bürger").

Ähnlich ist es bei den Titeln Professor oder Doktor. Mir fällt der Spielfilm „Unser Fräulein Doktor" von 1940 mit Jenny Jugo ein. Die Anrede „Frau Professor" war jahrhundertelang üblich, ohne daß man ein „-in" anhängen mußte. „Frau Bundeskanzler", „Frau Doktor" sind übliche Anreden. Das Anhängen der „-in"-Form treibt dabei zuweilen sehr kuriose Blüten. In einer Vereinszeitschrift der 70er Jahre wurden „die Vereinsmitglieder" angeredet mit:

Liebe MitgliederInnen

was bitteschön ist eine „Mitglieder-in"?
Die Kabarettistin Gerburg Jahnke nannte ihre weiblichen Besucher „Gästin" – eine Wortneuschöpfung zum grammatikalisch masculinen „Gast".

Noch extremer war es in den vom Geschlechterkampf geprägten 80er Jahren, da hieß es tatsächlich zuweilen bei Anhängern der Emanzipation:

Liebe Mitglieder und Mitklits

Hier auf Geschlechtskennzeichen (Glied, Klitoris) zu verweisen zeugt von einer recht derben Art des Humors. Jeder Unsinn scheint gut genug zu sein, wenn es nur darum geht, an der Sprache herumzudoktorn. Aus der Geschichte, engl. „history" (mißdeutet als „his story" – „seine Geschichte") wurde bei den Emanzen in England eine „herstory" („ihre Geschichte"), ignorierend, das ein „s" fehlt und das Wort lateinischen Ursprunges ist (historia = Geschichte), und sogar grammatikalisch feminin.

Statt des neutralen Wortes „man" („man kann heute leider nicht mehr alles sagen") wurde ein kleingeschriebenes „frau" eingeführt, doch das „man" ist eben heute nicht mehr das masculine Hauptwort „Mann", schon am fehlenden zweiten „n" zu erkennen.

In Bern (Schweiz) wurden in einer amtlichen Vorgabe die Begriffe „Vater" und „Mutter" abgeschafft zu Gunsten eines Wortes „Elter" (statt Eltern). Dieses Wort aber ist weiblich („die Eltern", „die Älteren").

Man wartet darauf, daß Politiker Klosterinsassen anreden mit „Liebe Mönche und Mönchinnen", oder daß Leute sagen: „Reich mir bitte einmal die SalzstreuerIn". Auch wird wohl bald zum „Menschen" die „Menschin" kommen, wie ja schon in der Lutherbibel zum Mann eine „Männin" erwähnt wird. Gott hatte den Menschen Adam geschaffen und aus seiner Rippe die Eva. Adam erwacht und es heißt (Genesis 2, 23):

»Da sprach der Mensch: Das ist doch Bein von meinem Beine und Fleisch von meinem Fleische; man wird sie Männin heißen, darum, daß sie vom Manne genommen ist.«

Im Englischen gibt es zum „man" (Mann, Mensch) das „woman" (Frau). Dieses „woman" ist aus dem älteren Wipman („Weib-Mann") entstanden.

Die Gesellschaft für deutsche Sprache widerspricht der Tatsache, daß das grammatikalische Geschlecht nicht mit dem biologischen identisch sei und bringt ein nicht überzeugendes Beispiel:

»Noch immer halten viele am generischen Maskulinum fest und argumentieren damit, daß es sich einerseits auf beide Geschlechter beziehe, andererseits Genus nichts mit Sexus, das grammatische also nichts mit dem natürlichen Geschlecht zu tun habe.
Speziell letzterer Ansicht schließt sich die Gesellschaft für deutsche Sprache nicht an. So gibt es zum Beispiel durchaus Fälle, in denen das natürliche Geschlecht sprachlich ausschließlich durch das Genus festgestellt werden kann (der Berechtigte vs. die Berechtigte).«

Es mag ja zutreffen, daß in wenigen Einzelfällen (z. B. auch: Der Richtige, die Richtige) ein mögliches Geschlecht nur durch den Artikel erkennbar wird, aber das ist wohl eher der Gewohnheit der Sprachnutzung zu verdanken; das Beispiel der GfdS überzeugt nicht, da es sich ja bereits um ein durch Gendersprache verändertes Verständnis handelt. Früher sagte man nämlich für beide Geschlechter „der Berechtigte“: „Lieschen Müller ist einer der Berechtigten“, „Lieschen Müller ist der Berechtigte“, „Max Mustermann ist einer der Berechtigten“. Die Unterscheidung war früher gar nicht üblich. Man kann einen durch Genderei veränderten Sprachgebrauch nicht dazu hernehmen, um darauf aufbauend nun weitere Gendereien zu begründen. Das ist genauso, als wenn man argumentierte, die eine Scheibe ist kaputt, also können wir auch die weiteren Fensterscheiben zerschlagen.

In der englischen Sprache gibt es keinen Genderwahn, obwohl auch dort hauptsächlich die männliche Form für beide Geschlechter verwendet wird. So ist der Artikel „the" nur unser norddeutsches „de" als Verkürzung von „der" (und nicht „die"). Das ältere Th (þ) ist bei uns zum D geworden, „the" war unser „de", wie es noch im niederdeutschen Dialekt vorkommt, und dieses „de" ist das verkürzte „der" und nicht etwa ein verkürztes „die". Nur selten steht „de" im niederdeutschen Dialekt auch für „die".

Es gibt im Englischen selten auch weibliche Formen, etwa „God" (Gott) und „Goddess" (Göttin), „actor" und „actress" (Schauspieler und Schauspielerin). Aber allgemein steht dort immer die männliche (eigentlich: allgemeine) Form wie z. B. „teacher". Feminin wäre „teachess" – das gibt es aber bisher nicht, und unsere Genderwahnsinnigen scheint das nicht zu stören.

Es ist kurios, wenn Politiker eine Rede vom Deutschen ins Englische übersetzen und da dann die gegenderte weibliche Form weglassen: Die angeblich so notwendige Sprachemanzipation endet also für diese Politiker an der Grenze. Und umgekehrt, wenn Dolmetscher in den Medien eine englische Rede übersetzen und dabei eine weibliche Form einfügen, obwohl die in der englischen Rede gar nicht vorkommt. Wenn also der US-Präsident von „people" spricht und der Dolmetscher das mit „Bürger und Bürgerinnen" übersetzt, ist es keine Übersetzung mehr, sondern nichts anderes als Fälschung und trägt dazu bei, daß Menschen von „Lügenmedien" reden.

In Zeiten, wo das Englische überall benutzt wird, ist es völlig inkonsequent, eine weibliche Form dort ganz selbstverständlich nicht zu verwenden, aber im Deutschen unbedingt darauf zu bestehen.

Kapitel 3

Mißverständnisse

Wie ich erläutert und belegt habe, hat also das grammatikalische Geschlecht – allein vom Artikel im Nominativ Singular bestimmt – nichts mit den biologischen Geschlechtern zu tun.

Die Genderwahnsinnigen aber versuchen, den Zusammenhang irgendwie doch herzustellen, unabhängig von den eindeutigen Fakten. Und zwar wird mit dem „Kopfkino" argumentiert, also damit, was Menschen sich vorstellen, wenn sie bestimmte Worte im grammatikalischen Masculin oder Feminin hören.

Man stellte fest, daß sich die meisten Menschen Männer vorstellten, wenn Sätze im grammatikalischen Masculin formuliert sind. Wenn es heißt, man gehe zum Arzt, sollen sich die meisten dabei ausschließlich einen männlichen Arzt vorstellen. Und ein Polizist wird angeblich auch männlich vorgestellt, genauso wie ein Soldat. Es fanden verschiedene Versuchsbefragungen statt, da wurde z. B. nach berühmten Musikern, Schriftstellern oder Künstlern gefragt, und die Versuchspersonen nannten mehr männliche Musiker, Schriftsteller oder Künstler.

Hier muß man allerdings beachten, daß solche Versuche in unseren Tagen stattfanden, daß die befragten Personen also in ihrem Leben bereits Berührung mit Gendersprache hatten und daher unterbewußt erwartet hatten, daß nur nach männlichen Musikern usw. gefragt wurde, da ansonsten auch eine gegenderte Befragung erfolgt wäre. Das heißt, diese Versuchspersonen waren bereits Opfer der Genderei, und weil diese ausblieb, gingen sie von einer Befragung allein nach männlichen Berühmtheiten aus. Dazu kommt, daß es in der Geschichte tatsächlich fast nur männliche Musiker, Künstler oder Schriftsteller gab; weibliche bildeten die Ausnahmen. Ich frage mich gerade, ob ich überhaupt irgendeinen weiblichen Komponisten oder Musiker aus der Zeit vor 1900 hätte nennen können. Man denkt ja bei einer solchen Frage immer historisch und nennt „berühmte" Personen unserer Zeit eigentlich kaum. Menschen, die heute noch leben oder erst kürzlich starben, sind vielleicht „prominent", aber deswegen noch lange nicht berühmt. Um berühmt zu werden, muß schon mehr Zeit vergehen. Die Zeit macht sie erst irgendwann zu Berühmtheiten.

Ein anderer Versuch war der der Zeitmessung von Reaktionen auf bestimmte Sätze. Es wurden den Probanten z. B. zwei Sätze vorgelegt und dann gefragt, ob der zweite Satz eine sinnvolle Fortsetzung des ersten wäre. Folgende Sätze waren das:

1. Die Sozialarbeiter liefen durch den Bahnhof.
2. Wegen der günstigen Wettervorhersage trugen mehrere der Frauen keine Jacke.

Gemessen wurde die Zeit, bis die Versuchspersonen „ja" drückten. Die Reaktionszeit war dann länger, wenn im zweiten Satz Frauen vorkamen. Davon leitete man ab, daß die masculine Formulierung zur Vorstellung von männlichen Sozialarbeitern führte.

Auch hier ist Kritik nötig. „Sozialarbeiter" ist ein recht modernes Wort, das gab es früher gar nicht, da hieß es „die Fürsorge". Wenn also so ein modernes Fremdwort benutzt wird, dann wird im Kopf sofort auch ein Bereich der entsprechenden Sprache aktiviert. So ein modernes Wort verbinden wir mit Gendersprache und mit linken Parteien („Sozialdemokratische Partei" usw.). Da das Wort aber nicht gegendert wurde, entsteht bei relativ jungen Menschen der Eindruck eines männlichen Sozialarbeiters. Dazu kommt das Umfeld des Bahnhofs: Unsere Erfahrung lehrt uns, daß sich Sozialarbeiter in Bahnhöfen in erster Linie mit Obdachlosen und Drogenabhängigen befassen. Obdachlose sind mehrheitlich männlich. Das ganze recht harte Umfeld eines Bahnhofs erscheint uns eher männlich: Kriminalität, Unordnung, Alkohol, Drogen, Schlägereien usw. Wir können uns nur schwer vorstellen, daß sich da zarte Frauen bewegen. Und dann stolpert man auch daran, daß man erstmal nachdenken muß, wer mit den Frauen ohne Jacke gemeint ist. Obdachlose besitzen oft nicht die passende Kleidung; man denkt also an weibliche Obdachlose (die es seltener gibt) oder an Mädchen, die im Bahnhofsumfeld z. B. anschaffen gehen. Bis man sich überlegt hat, wer da gemeint war, vergeht Zeit. Auch der Begriff „Jacke" ist irreführend, denn Frauen tragen ja meist Mäntel oder Kostüme, bei „Jacke" denkt man eher an „Jackett" und Männerkleidung. Ich habe den Versuch mal mit einer Bekannten gemacht, bei ihr dauerte es auch länger. Für sie war klar, daß männliche und weibliche Sozialarbeiter gemeint waren, aber sie fragte sich, warum nur die Frauen keine Jacken trugen, da das Wetter ja für beide Geschlechter gut war und was die Männer nun trugen. Warum wird nur einseitig gesagt, daß die Frauen keine Jacken trugen? Das wirft ja einige Fragen auf: Zählen die Männer nicht? Oder tragen die ihre Jacken und schwitzen? Oder was?

Ich stelle mal die Gegenfrage, wie sähen die Versuchsergebnisse aus, wenn der erste Satz lautete:

1. Die Mitarbeiter der Bahnhofsmission liefen durch den Bahnhof.

Dann würde man sich hier trotz des generisch masculinen Begriffs eher weibliche Mitarbeiter vorstellen, denn bei „Mission" denken wir an Klöster, Ordensschwestern, Heilsarmee und jedenfalls eher an weibliche Wesen.

Das Beispiel zeigt, daß so ein Versuch durchaus fraglich ist, da es auf die genaue Wortauswahl ankommt.

Wenn im Versuch die Versuchspersonen Kandidaten für das Amt des Bundeskanzlers nennen sollten, wurden auch eher männliche Kandidaten genannt. Dieser Versuch ist schon deswegen unsinnig, da es tatsächlich meist männliche Kandidaten sind, die sich dafür bewerben. So stehen für die Wahl 2021 die männlichen Kandidaten Scholz, Laschet, Söder, Merz und Habeck zur Verfügung, und nur ein weiblicher Kandidat Baerbock. Deswegen werden natürlich mehr männliche Kandidaten genannt. Ältere Menschen wie ich kennen von klein auf nur männliche Bundeskanzler; erst Frau Merkel war die erste und einzige Ausnahme. Diese Vergangenheit zeigt sich daher dann auch in den Namensnennungen. Natürlich kommen auch Wunschvorstellungen mit hinein, denn der Mensch ist von Natur aus ein Herdentier, und diese Herden wurden von Männern angeführt wie überall im Tierreich. Seit der Altsteinzeit waren immer Männer Könige, Anführer und Alphatiere. Eine Frau in so einer Position zu sehen ist also gegen alles, was wir in Jahrtausenden erfahren haben, und es ist unnatürlich. Deswegen konnte Frau Merkel sich auch nicht gegen die Länderchefs durchsetzen und versagte bei der Impfstoffbeschaffung, wie auch Frau v. d. Leyen in der EU das nicht schaffte. Männliche Regierungschefs konnten sich dagegen viel besser durchsetzen, wie das Beispiel von Trump in den USA, Johnson im UK oder Nethanjahu in Israel zeigte.

Argumente, die die Genderwahnsinnigen nicht gelten lassen. Für sie ist klar, daß das generische Masculin im Kopf eher männliche

Bilder erzeugt und es somit nicht neutral sei. Das soll auch für Berufe gelten, die eher von Frauen ausgeübt werden, wie Kassierer, Tänzer oder Kosmetiker. Hören Versuchspersonen diese Bezeichnungen, stellen sie sich männliche Personen vor. Frauen fühlen sich dann angeblich nicht mit angesprochen, wenn z. B. von mehreren Ingenieuren oder Professoren die Rede ist. Auch hier ist zu fragen: Handelt es sich um Versuchspersonen, die die weiblichen Bezeichnungen bereits gewohnt sind und somit schon im Sinne der Genderianer „umerzogen"? Wie sieht es aus, wenn man z. B. nur ältere Menschen befragen würde? Ich wette, bei denen ist das männliche Bild im Kopf nicht unbedingt dominant. Tatsächlich fühlen sich nur dann Frauen nicht mit angesprochen, wenn diese von frühester Jugend an mit „Gendersprache" aufgewachsen sind und nun gewohnheitsmäßig etwas vermissen. Wer hingegen in einem normalen Umfeld aufgewachsen ist, der lernt natürlich, daß der Bäcker auch weiblich sein kann, genauso wie der Arzt. Nur beim Soldaten vielleicht eher nicht, da es weibliche Soldaten bei uns erst seit 20 Jahren gibt (die sollten schleunigst abgeschafft werden).

Jedenfalls leiten die Genderianer davon ab, daß die Welt nicht so „divers" dargestellt werde, wie sie inzwischen sei und deshalb die Sprache verändert werden müsse.

Ein Umfeld, in dem Gendersprache üblich ist, gibt es nur in linken und linksextremen Communitys, nicht beim normalen Bürger. Normale Menschen (die Mehrheit in der Bevölkerung) verstehen bei einer männlichen Form durchaus alle Geschlechter, selbst wenn sie auch mal im Kopf zuerst an eine männliche Person denken sollten. Genauso ist es wohl auch bei einer grammatikalisch weiblichen Form (wie in „Katze, Person"). Es wäre zu untersuchen, ob sich Menschen bei weiblichen Begriffen auch zuerst weibliche Tiere vorstellen. Wenn ich z. B. „Giraffe" höre, habe ich eher das Bild einer Giraffe im Kopf, ohne darüber nachzudenken, welches Geschlecht sie hat. Bei „Katze" hingegen denke ich zwar auch an das Tier, würde es aber eher weiblich (Kätsin) einschätzen, doch halte ich das für nicht so wichtig.

Ideologen des linken Spektrums wollen uns eine bestimmte Sichtweise, nämlich ihre Sichtweise auf die Welt, vermitteln und zwingen der Mehrheitsgesellschaft ihre Sprachideologie auf. Wer nun gegen das Gendern ist, der ist in der Verteidigungsposition. Aber wenn man nach Ingenieuren fragt, warum sollte man in so einer Angelegenheit auf das Vorhandensein der Geschlechter hinweisen, in einer Frage, wo es doch nur um ein Amt und eine Qualifikation geht? Dann müßte jedes Kind („das" Kind) sich darüber ärgern, daß sein jeweiliges Geschlecht nicht mitgemeint ist. Oder jeder Mann protestieren, weil er mit „die" Person und mit generischem Femina bezeichnet wird.

Es stellt sich die Frage, was zuerst da war, eine Sprache mit masculinen Berufsbezeichnungen, die angeblich junge Frauen ausschließt und sie gar nicht erst auf die Idee kommen läßt, so einen masculin bezeichneten Beruf zu wählen, oder umgekehrt, weil es traditionell üblich war, daß fast nur Männer die Berufe ausübten, während Frauen Hausfrauen waren, daher sind nun auch die Berufsbezeichnungen im generischen Masculin. Wenn letzteres zutreffen würde, würden sich unsere Vorstellungen bald von selbst wandeln und es wäre dann ganz normal, daß man sich unter „Arzt" auch einen weiblichen Arzt vorstellt, weil die Erfahrung gelehrt hat, daß oft Frauen Ärzte sind. Daß die erste Möglichkeit nicht zutreffen kann, sieht man daran, daß trotz dieses Sprachgebrauchs viele Frauen in masculin bezeichnete Berufe gingen, ohne sich von der Bezeichnung ihres Berufes abschrecken zu lassen. Ich kenne viele Frauen, die ihren eigenen Beruf in der masculinen Form bezeichnen, z. B.

sagte eine mir, sie sei „Kraftfahrzeugmechatroniker" ohne irgendeine „-in"-Endung.

Trotzdem muß ich an dem Ansatz, unsere Sprache würde unsere Gedanken auf eine Vorstellung lenken, die dem modernen System nicht mehr entspricht und die politisch ungewollt ist, und die deswegen geändert werden muß, scharf kritisieren. Die Journalisten, Medien, Politiker haben kein Recht, unsere Gedanken irgendwie zu lenken, zu beeinflussen, in eine bestimmte Richtung zu wenden. Demokratie bedeutet nach meinem Verständnis nicht, daß das „dumme Volk" irgendwie erzogen werden muß, daß es Gedanken gibt, die man dem „dummen Volk" nehmen muß um es mit eigenen, spinnerten fixen Ideen zu füttern. Demokratie bedeutet, daß man das Volk so beläßt, wie es ist und daß seine Gedanken, sein Wille, seine Vorstellungen von den Politikern umgesetzt werden müssen. Politiker in einer Stellvertreter-Demokratie stehen für das Volk, sollen dessen Vorstellungen umsetzen. Sie sind keine Lehrer; sie sind nicht weiser als das Volk, und es ist nicht ihre Aufgabe, dem Volk durch eine idologisierte Sprache irgendwelche Ideen einzuimpfen.

Politiker, die so etwas versuchen, sind in Wahrheit keine Demokraten, sondern verstehen sich als eine elitäre Intelligenzschicht, die ein unmündiges, ahnungsloses Volk regieren und beeinflussen, die es belehren muß und die unerwünschte Meinungsäußerungen ächten und verhindern muß. Das ist Hierarchie und nicht Demokratie.

Die entstehenden „Bilder im Kopf" bei Benutzung der traditionellen Sprache sind also zu akzeptieren, nicht zu bekämpfen. Sprache hat nämlich immer auch einen Anteil an der Tradition des Volkes. Wenn jahrhundertelang Männer das Amt des Arztes ausübten, dann ist die Vorstellung eines „Arztes" als Mann durch die Tradition bedingt. Durch Frauen in solchen Berufen wird auch die Vorstellung nach und nach aufgeweicht und man versteht unter „Arzt" Heilende beider Geschlechter. Das benötigt aber Zeit, und diese Zeit müssen wir der Sprache schon lassen; ein gewaltsamer Eingriff durch Gendersprache, wie ihn jetzt auch der Duden propagiert, ist abzulehnen.

Es mag sein, daß sich in einem extrem linken Umfeld aufgewachsene Menschen, die von klein auf nur Gendersprache hörten, im Kopf bei Verwendung von Berufsbezeichnungen im grammatikalischen masculin tatsächlich nur männliche Berufsausübende vorstellen. Der „Arzt" ist für diese kleine Minderheit also ausschließlich männlich.

Wenn dem so ist, dann darf man umgekehrt fragen, was sich normale Menschen vorstellen, wenn sie vom „Arzt und der Ärztin" hören. Dann werden die Gedanken unnötig auf die Geschlechter gelegt und man denkt nicht automatisch an Menschen, die einen Heilberuf ausüben. Und wenn vom „Herrn Professor" und der „Frau Professor" die Rede ist, dann denken viele auch nicht an zwei Professoren, einer davon weiblich, sondern manche denken an den Herrn Professor und seine Ehefrau, die selbst nicht einmal studiert haben muß. Denn traditionell redet man die Ehefrau eines Professors mit „Frau Professor" an. Das gilt nicht nur für Professoren; in den meisten anderen Berufen erhalten die Ehefrauen auch die Berufsbezeichnung ihres Mannes. Mit der Genderei kommt alles nur unsinnigerweise durcheinander.

Ich vermute die im Gendern übertriebene Geschlechtsbetonung liegt auch daran, daß sich unter den Genderianern und unter den entsprechenden Professoren zahlreiche Homosexuelle, Lesben, Diverse und Geschlechts-Unzufriedene befinden; ich kenne einige Vertreter solcher Gruppen und habe festgestellt, daß diese Leute sehr „genitalfixiert" sind, daß in ihren Köpfen zuerst große Genitalen stehen, bevor für andere Dinge Platz ist. Diese Fixierung wollen sie nun der Gesellschaft übertragen, damit sie damit nicht so allein sind. Sie sprechen vom „Raum für diverse Lebensformen" und verstehen nicht, daß für heterosexuelle Menschen das Geschlecht nicht den alleinigen Gedankenhorizont bildet.

Linke Kreise reden auch von „patriarchaler Sprache", so der StuRa (Studenten-Rat) der Universität Freiburg, den ich schon auf S. 17 zitiert hatte.

Die Argumentation ist eigentlich überall dieselbe. Der deutschen Sprache wird unterstellt, ein traditionelles Rollenbild zu bestätigen. Da bestimmte Kreise dieses Rollenbild ablehnen, wollen sie die Sprache mit Gewalt verändern und hoffen, damit das Rollenbild zu bekämpfen. Sprache aber folgt immer dem, was in der Gesellschaft geschieht, das ist ganz natürlich und zu akzeptieren.

Bleibt zu untersuchen, was so schlimm am traditionellen Rollenbild ist, was die Genderwahnsinnigen dazu bringt, es ändern zu wollen.

Kapitel 4

Traditionelles Rollenverständnis

Unsere Sprache ist in Folge unserer Kultur und Lebensweise geformt worden; die Bilder, die bei Benutzung unserer Sprache im Kopf entstehen, sind Bilder aus unserer geschichtlich entstandenen Art zu leben. Diese Vorstellungen wollen uns die Genderianer nehmen, und das ist der Versuch, unsere Gehirne zu waschen, uns unsere Traditionen auszutreiben, um deren Vorstellungen stattdessen einzutrichtern.

Unser Volk lebt seit Jahrtausenden in Stämme gleicher Sprache und Religion aufgeteilt. Diese Stämme setzen sich aus den Sippen (Großfamilien) zusammen, und diese Sippen bestehen aus den klassischen Familien. Die klassischen Familien bestehen aus Vater, Mutter und den Kindern; früher kamen noch Knechte und Mägde dazu, und gab es zuweilen mehrere Ehefrauen und damit mehrere Mütter. Der Vater war immer das Familienoberhaupt.

Heute gibt es die Familien mit Eltern und Kindern immer noch. In den meisten Familien ist der Vater derjenige, der berufstätig ist und das Geld verdient, während die Mutter im Hause arbeitet und sich um die Kinder kümmert. Dieses Familienbild ist von der Natur vorgegeben, denn Ehefrauen konnten einen kontinuierlichen Beruf nicht ausüben, da sie mit Schwangerschaften und Kinderaufzucht voll ausgelastet waren.

Alleinerziehende gab es früher selten; auch heute ist diese Gruppe eine Minderheit.

Weil der Vater das Geld für die ganze Familie verdienen mußte und muß, deswegen bekommen Männer bis heute in vielen Berufen mehr Lohn als Frauen in denselben Berufen. Das traditionelle System geht davon aus, daß berufstätige Frauen in der Regel alleinstehend sind, d. h. sie verdienen nur für sich selbst, müssen das Geld nicht einem Ehemann oder der Familie abgeben, anders als ein Familienvater. Sobald eine berufstätige Frau nämlich heiratet, gründet sie eine Familie mit Kindern und hat für den Beruf keine Zeit mehr. Nun muß der Ehemann das Geld für alle verdienen.

Dieses traditionelle Rollenverständnis, welches immer noch von der Mehrheit in unserem Lande gelebt wird (insbesondere auch die Migranten leben nach diesem Verständnis) ist den linken Kreisen ein Dorn im Auge. Sie wittern Frauenunterdrückung und polemisieren gegen die drei K's (Kirche, Kinder, Küche). Mit der Forderung nach gleichem Lohn soll die Stellung der Frauen verbessert werden, tatsächlich aber wird damit die Gründung von Familien erschwert, denn das bedeutet in der Praxis, daß Familienväter nicht mehr Geld erhalten, um die Familie zu ernähren. Wenn Frauen und Männer gleichviel verdienen, die Frauen es aber für sich allein behalten können, während die Väter es mit der Familie teilen müssen, stehen sie am Ende schlechter da und werden sich überlegen, ob sie eine Familie gründen sollen oder doch besser nicht. Und wenn sich zwei Menschen kennenlernen und eine Beziehung eingehen wollen, die beide gut verdienen, dann wird die Frau nicht auf ihren Beruf verzichten wollen, und somit steht sie nicht für die Anschaffung von Kindern zur Verfügung. Das Resultat sind kinderlose Ehepaare, in denen beide Partner Berufe ausüben.

Dieses Modell führt dazu, daß die Bio-Deutschen in Deutschland zu wenig Kinder bekommen. Die Politik versucht, dies dadurch auszugleichen, daß sie unzählige Migranten ins Land läßt oder holt, die meist viele Kinder haben und noch bekommen werden. Dadurch entsteht mit der Zeit ein Bevölkerungswandel; die Zahl der deutschstämmigen Deutschen nimmt immer mehr ab, während die Zahl der Einwanderer stetig zunimmt.

Menschen des rechten Spektrums nennen das einen „Bevölkerungsaustausch“, da abzusehen ist, daß irgendwann die Einwanderer die Mehrheit bilden werden, was mit entsprechenden Gesetzesänderungen verbunden sein wird, die der Mentalität der einwandernden Völker mehr entsprechen, als es bisher ist.

Die Zusammenhänge zwischen Kinderzahl und Berufstätigkeit zeigten sich nach dem ersten Lockdown im Corona-Jahr 2020: Weil viele Berufe nicht mehr ausgeübt werden konnten und weil die Kindergärten geschlossen wurden, mußten die Mütter zu Hause bleiben; viele kamen auf den Geschmack und stellten fest, daß eine Beschäftigung mit den eigenen Kindern statt irgendwo in einem Betrieb zu arbeiten doch besser ist. Andere aber beklagten sich darüber, daß sie sich nun selbst mit ihren Kindern befassen mußten, daß sie wie früher als Hausfrauen leben mußten. Auch gab es einige Vorfälle häuslicher Gewalt, denn das Zusammenleben der Familie auf engem Raum waren viele nicht mehr gewöhnt. Aggressionen entstanden und konnten zu Ehe- und Familienstreiten führen. Aber Aggression steht auch mit Sexualität in Verbindung und kann auf diese Weise abgebaut werden. Tatsächlich wurden im Lockdown-Jahr 2020 so viele Kinder gezeugt, wie seit der Wende 1989 nicht mehr. Sobald die Frauen also wieder Hausfrauen waren und den bisherigen Beruf nicht ausübten, stieg die Kinderzahl wieder an. Daß in den Medien normale Familien mit Kindern nicht gerade propagiert werden, liegt daran, daß nach einer Untersuchung 67% der Journalistinnen kinderlos sind. Wer selbst Kinder nicht will, der kann auch nicht positiv über Frauen, die sich bewußt für Kinder entschieden haben, berichten. Eigentlich sollten Politiker alles tun, damit die traditionellen Rollen wieder eingenommen werden und unser Volk wieder ausreichend Nachwuchs erhält. Aber leider tun sie das nicht, und man fragt sich, warum?

Es scheint so, daß bestimmte Kreise gar kein Interesse daran haben, daß wir deutschstämmigen Deutschen unsere Reproduktionszahl steigern und damit zahlenmäßig nicht weiter abnehmen. Das ist nicht gewollt, und warum das so ist, darüber kann man nur spekulieren.

Mir fallen da mehrere Gründe ein: Einmal ist Deutschland (neben Frankreich) in der EU ein sog. „Nettozahler", d. h. wir bezahlen ein Vielfaches mehr in die EU ein, als wir wieder herausbekommen. Andere Staaten zahlen wenig ein, bekommen aber mehr heraus. So lohnt sich für diese Staaten die EU, weil sie ihnen zusätzliche Gelder bietet. Würden sie nicht mehr herausbekommen, als sie einzahlten, würden sie die EU sicher verlassen, da diese ihnen dann kaum noch Vorteile bringen würde. Eigentlich ist es so, daß das Geld der Nettozahler, nämlich unser Geld, in ganz Europa verteilt wird, daß also ganz Europa auf unsere Kosten lebt.

Damit wir aber Nettozahler bleiben können, muß es bei uns hohe Steuern geben und es müssen möglichst viele Menschen berufstätig sein. Eine sich um ihre Kinder kümmernde, ansonsten nicht berufstätige Hausfrau bringt dem Moloch EU nichts, hingegen sind gutverdienende Doppelverdiener ohne Kinder sehr erwünscht.

Ein anderer Grund ist der Haß bestimmter Kreise auf das deutsche Volk. Dieser Haß begründet sich auf unsere Geschichte, denn wir waren und sind das „Tätervolk", welches den 2. Weltkrieg verursachte, den Faschismus hochbrachte und den Holocaust zu verantworten hatte; dieses böse Volk, dem es immer noch wirtschaftlich so gut geht, will man nicht nur bestrafen, man will es so „verdünnen", bis es keine wirtschaftliche und kriegerische Gefahr mehr für andere Völker darstellt; ja, einige wollen es ganz loswerden, von der Landkarte vertilgen, was mit der unseligen Migrationspolitik bewerkstelligt werden soll, und auf dem Gebiet der Sprache durch verschiedene andere Dinge. So nimmt u. a. das Gendern uns teilweise unsere sprachliche Identität und unser traditionelles Rollenverständnis. Aber auch die Rechtschreibreform, die Diskriminierung unserer deutschen Schrift als Nazischrift (die es nie war) oder die Aufnahme zahlloser Fremdwörter in unsere Sprache gehören dazu. Der Bundestag lehnte vor einigen Jahren ab, die deutsche Sprache als Amtssprache in das Grundgesetz aufzunehmen.

Die Genderianer berufen sich zudem immer wieder auf eine „Diversität", wollen die Einteilung der Welt in zwei Geschlechter verwässern und reden von ihrem „dritten Geschlecht". Tatsächlich war es ein am Turner-Syndrom erkranktes Mädchen, welches mit seiner Klage dazu geführt hatte, daß amtlich auch die Geschlechtseintragung „divers" möglich wird.

LGBTTIQ-Menschen (Homosexuelle, Lesben, Bisexuelle, Transvestiten, Transgender, Intersexuelle, Queere usw.), kurz: Alle, die mit ihrem natürlichen Geschlecht irgendwie unzufrieden waren und sind, werden auf den Plan gerufen und schreien laut, sie würden diskriminiert. Statt diesen Menschen Therapien anzubieten, will man sie ermuntern, ihr „Anders-sein" in der Gesellschaft öffentlich auszuleben. Solche Leute bekommen keine Kinder und stehen dem großen Plan eines sog. „Bevölkerungsaustausches" oder besser gesagt, eines Aussterbens der deutschstämmigen Deutschen nicht entgegen. Sie werben für ihr Anderssein und halten die nicht-LGBTTIQ-Menschen davon ab, eine Sexualität zu entwickeln, wie sie mehrheitlich üblich ist, einen Partner des jeweils andern Geschlechts zu wählen und eine Familie mit Kindern zu gründen.

Letztendlich ist das alles der Versuch, gegen die Natur anzugehen; in der Natur sind die männlichen Tiere die Anführer, fressen zuerst, leiten die Herden und bekämpfen die Konkurrenten oder Feinde. Die weiblichen Tiere versorgen den Nachwuchs. Nun wird man zwar auch in der Natur die selteneren Fälle finden, wo es mal anders ist, aber das sind eher die Ausnahmen.

Wenn Menschen sich also nach diesem uralten traditionellen Rollenbild richten wollen, dann sind sie im Einklang mit der Natur der meisten Tiere und des Tiers „Mensch". In den Naturvölkern (z. B. unberührte Stämme der Amazonas-Indianer) lebt man noch nach diesem uralten naturgegebenen System.

Aber mit dem Grundgesetz unter dem Arm wollen die Dauerunzufriedenen gegen so ein Rollenbild vorgehen, es entspräche nicht dem Grundgesetz und auch nicht mehr der heutigen Realität – die heutige Realität ist aber nur deswegen entstanden, weil die Dauerunzufriedenen das alte System schon lange bekämpfen und abschaffen wollen. Das ist so, als wenn eine Armee einen Teil des gegnerischen Landes bereits erobert hat und nun den Bewohnern des noch nicht eroberten Teiles rät, sich zu ergeben, denn die Realität sei so, daß ihnen ihr Land schon gar nicht mehr ganz gehört. Tatsächlich sieht aber unsere Lebensrealität wie erwähnt anders aus.

Hinter dem Werben für mehr Toleranz zu LGBTTIQ-Personen, für mehr „Diversität" (einschließlich der Gendersprache) verbirgt sich also auch nur der Wunsch, unserm Volk seine traditionelle Identität und Lebensweise zu nehmen und seine Reproduktionsrate möglichst klein zu halten, so daß es in nicht allzuferner Zukunft ausgestorben ist.

44

Kapitel 5

Frauen müssen berufstätig sein!

Was hat diese Forderung mit unserm Thema des grassierenden Genderwahns zu tun? Es wäre naiv zu glauben, daß die Genderei deswegen erfolgt, weil man den Gleichberechtigungsgrundsatz im Grundgesetz konsequent umsetzen will. Und auch der Gleichberechtigungsgrundsatz wurde mit gewissen Absichten im Grundgesetz verankert. Waren denn die Frauen in der Weimarer Republik nicht gleichberechtigt? Sie hatten das Wahlrecht und konnten Berufe ausüben. Es gab lediglich noch Bevormundungen im familiären Bereich, und auch die Armee stand ihnen noch nicht offen.

Nein, es ging darum, Frauen in das Berufsleben zu drängen, denn die Industrie brauchte billige Arbeitskräfte. Und eine ähnliche Absicht wird mit der Gendersprache verfolgt: Frauen sollen in das Berufsleben gedrängt werden. Doch diesmal geht es nicht hauptsächlich um billige Arbeitskräfte, sondern um die Entziehung der Frauen von der Familie mit dem Zweck, die Reproduktionszahlen der deutschstämmigen Deutschen niedrig zu halten.

So stellten Forschungen der Genderianer fest, daß wenn in Stellenanzeigen die Berufe nicht in der grammatikalisch masculinen Form verfaßt wurden, und auch auf männlich eingeschätzte Bezeichnungen wie „wettbewerbsfähig", „Führung", „dominant" verzichtet wurde, sich mehr Frauen für die Stelle bewarben. Masculin formulierte Stellenanzeigen führten dazu, daß ausreichend qualifizierte Frauen den Beruf seltener erhielten. Der Versuchsaufbau war der, daß drei verschiedene Stellenanzeigen den Versuchspersonen vorgelegt wurden. In diesen Stellenanzeigen wurde gesucht:

Ein Geschäftsführer;
Ein Geschäftsführer (m/w);
Ein Geschäftsführer oder eine Geschäftsführerin.

Die Versuchspersonen mußten sich fiktive Bewerbungen samt Lebensläufen usw. ansehen und entscheiden, wen sie jeweils für den Beruf geeignet hielten. Weibliche Bewerber wurden dann für weniger passend eingeschätzt, wenn nur nach einem Geschäftsführer oder Geschäftsführer (m/w) gesucht wurde, hingegen wenn beide Bezeichnungen in der Anzeige standen, wurden auch weibliche Bewerber mehr berücksichtigt.

Der § 11 des Allgemeinen Gleichbehandlungsgesetzes lautet:

»Ein Arbeitsplatz darf nicht unter Verstoß gegen § 7 Abs. 1 ausgeschrieben werden.«

Und der erwähnte § 7 Abs. 1 besagt:

»Beschäftigte dürfen nicht wegen eines in § 1 genannten Grundes benachteiligt werden; dies gilt auch, wenn die Person, die die Benachteiligung begeht, das Vorliegen eines in § 1 genannten Grundes bei der Benachteiligung nur annimmt.«

§ 1, auf den der § 7 bezug nimmt, hat den Wortlaut:

»Ziel des Gesetzes ist, Benachteiligungen aus Gründen der Rasse oder wegen der ethnischen Herkunft, des Geschlechts, der Religion oder Weltanschauung, einer Behinderung, des Alters oder der sexuellen Identität zu verhindern oder zu beseitigen.«

Nirgends steht hier, daß Stellenanzeigen mit dem Zusatz „(m/w/d)" versehen werden müßten. Es steht nur, daß eben Arbeitsstellen ohne Benachteiligungen wegen des Geschlechts, Herkunft, Rasse, Religion usw. ausgeschrieben werden müssen. Daß die einzelnen Geschlechter durch Abkürzungen oder anders erwähnt werden müßten, steht da nicht. Wenn dieses Gesetz das fordern würde, dann müßten genauso auch alle theoretisch möglichen Rassen, Religionen usw. in Klammern aufgezählt werden, was in der Praxis gar nicht möglich wäre. Eigentlich verbietet das Gesetz nur, daß in Stellenanzeigen z. B. steht „nur Männer" oder „nur Deutsche" oder „nur Katholiken". Da die grammatikalisch männliche Form nach bisherigem traditionellen Sprachgebrauch alle biologischen Geschlechter beinhaltet, reicht die Verwendung dieser Form, das sog. „generische Masculinum". Dennoch finden wir heute nur noch Stellenanzeigen mit dem Klammerzusatz „(m/w/d)". Offenbar wird dieses Gesetz falsch verstanden oder falsch interpretiert. Man fragt sich, warum das geschieht und wer dafür verantwortlich ist, daß es falsch verstanden wird. Es würde also reichen, wenn man nur nach einem „Geschäftsführer" suchte, denn das generische Masculin steht ja für alle Geschlechter.

Ärgerlich ist, daß dieses Gesetz nebenbei auch Arbeitgeber verpflichtet, bei Stellengesuchen auch Menschen fremder Kulturen und ideologischer Religionen wie dem Islam berücksichtigen zu müssen. Ich finde, es muß einem deutschen Arbeitgeber erlaubt sein, die Stellen in seiner Firma nur mit deutschstämmigen Arbeitnehmern zu besetzen, schließlich befinden wir uns ja in Deutschland. Derzeit wird jeder Arbeitgeber per Gesetz gezwungen, die verfehlte Migrationspolitik durch seine Jobvergabe zu unterstützen, und es kann passieren, daß Bio-Deutsche arbeitslos sind und Migranten die begehrten Stellen erhalten. Ich finde das falsch.

Ein weiteres Experiment wurde mit 600 Grundschulkindern gemacht. Ihnen wurden Berufe in Doppelnennung („Ingenieure und Ingenieurinnen") präsentiert, und da trauten sich Mädchen häufiger auch sog. Männerberufe zu, umgekehrt trauten sich Jungen auch häufiger typische Frauenberufe („Geburtshelfer und Geburtshelferinnen") zu. Allerdings stuften die Grundschüler die in Doppelnennung präsentierten Berufe auch als weniger wichtig und als schlechter bezahlt ein. Durch die Doppelnennung wurden die Berufe also in den Augen der Grundschüler abgewertet, was andere Studien bestätigten.

Die Genderwahnsinnigen reden immer davon, Frauen gedanklich mehr einzubeziehen, wofür sie auch Studien anführen. Eine Studie war darunter, bei der 33% der Teilnehmer den in einem Text erwähnten Spezialisten für weiblich hielten, obwohl die Formulierung grammatikalisch masculin war. War sie das nicht, hielten 44% der Teilnehmer den Spezialisten für weiblich. Diese Studie aber zeigt nur auf, wie klein der Unterschied zwischen dem Unverständnis der masculinen Allgemeinform und der Genderform ist: Nur 11%. Dieser Unterschied ist sicher nur altersbedingt erklärbar, da junge Leute eben schon mit Gendersprache Berührung hatten und diese daher dann auch erwarten.
Es geht aber eben nicht um eine gedankliche Einbeziehung der Frauen, sondern es geht darum, Frauen in Berufe zu drängen. Das zeigen die angestellten Studien deutlich, wo es ja zuerst um Berufe und Bewerbungen geht. Möglichst viele Mädchen sollen sich für eine Berufstätigkeit bewerben, und die Gendersprache soll helfen, ihnen die Zurückhaltung zu nehmen. Der Sinn ist nicht, Frauen zu

mehr Selbständigkeit und Unabhängigkeit zu verhelfen, sondern
Frauen dazu zu bringen, das traditionelle, naturbedingte Rollenverständnis aufzugeben und dem Arbeitsmarkt zur Verfügung zu stehen. Europa braucht Geld. Frauen, die in gutbezahlten Berufen stehen, stehen nicht für eine Reproduktion zur Verfügung, haben weniger Kinder und tragen so dazu bei, daß der „demographische
Wandel", also das Ende der deutschstämmigen Deutschen in
Deutschland schneller erreicht wird.

Daß das Ziel der Berufstätigkeit von Frauen in den letzten 30 Jahren schon teilweise erreicht wurde, zeigen die Zahlen der Statistik:
Ende der 90er Jahre waren nur 38% der Frauen berufstätig, heute
sind es 72% (wobei auch kleine Teilzeitanstellungen dazugezählt
wurden). Heute sind in jeden 2. Paar Doppelverdiener, aber von
den berufstätigen Müttern arbeiten 2/3 in Teilzeitjobs.

Es gibt 2,2 Millionen alleinerziehende Frauen, wobei es da natürlich
auch die Väter gibt, die unterhaltspflichtig sind. Nur 407.000 Männer sind alleinerziehend.

Die Realität ist also zwar immer noch die Familie, wo der Mann arbeitet und das Geld verdient, seien die Paare nun zusammenlebend
oder alleinerziehend. Aber in jedem 2. Paar verdient die Frau dazu,
dabei überwiegend (2/3) in Teilzeitarbeit. Diese Realität soll geändert werden; möglichst alle Frauen sollen arbeiten und möglichst
wenig oder keine Kinder mehr bekommen. Frauen dürfen nicht
einfach Mütter werden wollen; sie haben nicht zu wollen, daß sie
bei ihren Kleinkindern bleiben, solange diese nicht älter als drei
Jahre sind; sie haben nicht zu verlangen, daß sie dann Teilzeit oder
halbtags arbeiten; nein, die EU mit ihrem gelenkten Mainstream
strebt für alle Frauen Vollzeit an. Beschlüsse zur Familienpolitik
werden übrigens in der Mehrzahl von Ministerinnen getroffen, die

selbst keine oder nur wenig Kinder haben. Im Jahre 2008 hatten fünf Ministerinnen insgesamt nur ein Kind.

Im Juni 2015 verabschiedete das EU-Parlament die Entschließung der deutschen SPD-Abgeordneten Maria Noichl für Gleichstellung, in der es unter Punkt S. heißt:

»In der Erwägung, daß stereotype Geschlechterrollen und traditionelle Strukturen einen negativen Einfluß auf die Gesundheit (…) haben.«

Mit „stereotypen Geschlechterrollen“ sind die traditionellen Geschlechterrollen gemeint; gesagt ist also indirekt, daß Mutterschaft und Kinderaufzucht gesundheitsschädlich seien.

Das ist der Hintergrund, warum das Gendern generalstabsmäßig von Politikern, Universitäten und Medien betrieben wird: Wenn die Sprache „neutraler“ wird, denken Menschen offener über Geschlechterrollen nach und verlassen eher das traditionelle Rollenverständnis, Frauen stehen dann für den Arbeitsmarkt zur Verfügung, bringen der EU Steuereinnahmen und die Reproduktionszahl sinkt. Das ist erwünscht. Auch wenn man keine böse Absicht hinter diesem Werben für mehr Berufstätigkeit für Frauen sieht, bleibt das Ergebnis, daß es dann weniger Kinder gibt, gleich.

Kapitel 6

Genderformen: Doppelanreden

Vom Mem-Virus befallene Genderwahnsinnige verwenden immer öfter die Doppelanreden in jeder nur erdenklichen Situation:

Liebe Bürger und Bürgerinnen;
Schüler und Schülerinnen;
Radfahrer und Radfahrerinnen;
Studenten und Studentinnen;
Mitarbeiter und Mitarbeiterinnen;
Wissenschaftler und Wissenschaftlerinnen;
Arbeiter und Arbeiterinnen.

Interessanterweise finde ich die umgekehrte Form viel seltener:

Liebe Bürgerinnen und Bürger.

Früher redete man in einem Brief die Damen zuerst an, das gebot die Höflichkeit. Heute scheint das nicht mehr zu gelten. Es wäre logisch, daß Frauen die Männer zuerst nennen, und Männer die weibliche Form voranstellten.

Trotzdem: Diese Doppelanreden sind sprachlich betrachtet Unfug, denn wie gesagt, die grammatikalisch masculine Form gilt ja für alle biologischen Geschlechter. Die Doppelanrede „Bürger und Bürgerinnen" ist im wahrsten Sinne des Wortes „doppelt", da ja weibliche Bürger mit „Bürger" und mit „Bürgerinnen" gemeint sind. Das ist genauso, als wenn ich sagen würde „Liebe Menschen und Frauen".

Durch die Doppelanreden wird zudem deswegen viel Porzellan zerbrochen, weil es das falsche Sprachverständnis verfestigt. Wenn in ferner Zukunft mehrheitlich die Doppelanreden verwendet würden, dann wird man es falsch lernen, und Frauen werden sich nicht mehr mit angesprochen fühlen, wenn jemand noch die bisherigen Allgemeinformen (generisches Masculin) verwendet. Alte Bücher, in denen noch generisches Masculin vorkommt, werden dann zu Zeugnissen eines früher herrschenden Patriarchats umgedeutet.

Die weibliche Namensform mit der Endung „-in" geht auf germ. *injō zurück (schwed. -inna, norweg. -inne, -inde, wendisch -inja, -ynja, französisch -ine) und ist wohl aus einer Verkleinerungsform entstanden, vgl. „-lin" (unser heutiges „-lein"). Das lateinische -ina, -inus hat damit nichts zu tun. „Bürgerin" bedeutet also „Bürgerlein", „kleiner Bürger" – ob so eine Verkleinerung für die Bezeichnung von weiblichen Bürgern wirklich angebracht ist, würde ich stark bezweifeln. Das in der Sprache Kleinmachen von Frauen kann keine Errungenschaft der Emanzipation sein, sondern ist höchst fragwürdig.

Es sind auch keine echten weiblichen Formen, sondern durch die Verkleinerungsendung verlängerte männliche Wortformen. Das männliche Wort bleibt Grundwort, wird nur durch das „-(l)in"-Suffix verlängert. Eine Studie von Joachim Grzega führte zu dem Ergebnis, daß je mehr weibliche Endungen in einer Sprache an männliche Grundworte angehängt werden, desto weniger respektvoll werden Frauen in dieser Gesellschaft behandelt.

Unsere Sprache kennt teilweise noch echte weibliche Wortformen, z. B. „die Gans". Die männliche Gans heißt „der Ganter"; Gans ist echte weibliche Form, „Ganter-in" (oder ursprünglich: „Ganterlin" = kleiner Ganter) wäre die unechte Form mit der Verkleinerungsendung. Man sagt auch nicht „die Kater-in" sondern „die Katze", nicht „Stier-in" sondern „Kuh". Zuweilen sind echte Formen untergegangen oder wurden umgedeutet. Man sagt „der Herr" und höchst selten noch „die Herr-in", stattdessen „die Frau". „Frau" entstand aus „Froue" zum Begriff „Fro(u)" (= Herr); hier ist die Endung „-e" die weibliche Endung; ein „die Frou-in" gibt es nicht, aber ein „Frouelin" (= kleine Frau, Fräulein). In der altnordischen Sprache sind noch echte weibliche Formen bewahrt, die es ähnlich auch bei uns gegeben hatte. So gibt es dort zum männlichen „Gode" (góði, „Priester") das weibliche „Gydja" (gyðia, „Priesterin") und nicht eine abgewandelte Form „Godin". Im Althochdeutschen kommt noch Goting (Coting, Goding, „Priester, Tribun") vor; das entsprechende „Gudja" scheint schon zu fehlen.

Die Genderwahnsinnigen kommen beim Gendern der Bezeichnung „Bürgermeister", an ihre Grenzen. Es zeigt sich, daß dieses Wort nicht wirklich geeignet ist, verweibelt zu werden, denn konsequenterweise müßte man ja dann ja beide Wortteile weiblich machen. Dann gibt es also folgende:

der Bürgermeister;
die Bürgermeisterin;
der Bürgerinnenmeister;
die Bürgerinnenmeisterin.

Wenn sich mehrere Männer und Frauen für das Amt bewerben, dann sind das also genaugenommen (ich verdanke dieses und weitere Beispiele Herrn Dr. Günther Orth):

Bürger*innenmeister*innenkandidat*innen;

Ähnlich sieht es beim „Indianerhäuptling" aus, wobei grüne Sprachpolizisten das Wort „Indianer" ganz verbieten wollen:

der Indianerhäuptling;
der Indianerinnenhäuptling;
die Indianerhäuptlingin;
die Indianerinnenhäuptlingin.

Gegendert mit der Sternchen-Schreibweise erhalten wir dieses Wortungetüm:

Indianer*innenhäuptling*in.

Oder die folgenden Mehrzehl-Wortungetüme:

Minister*innenpräsident*innen;
Schüler*innensprecher*innen.

Dazu kommt noch, daß die gebetsmühlenhaft verwendeten Genderformen oft beim schnellen Aussprechen verschluckt werden; schon oft hörte ich:

Liebe Bürger_{innen} und Bürger,

d. h. die angeblich weibliche Form war zur Unhörbarkeit verstümmelt zu einem

Liebe Bürger und Bürger.

Derartige Unterscheidungen halten die Redner dann allerdings zum

Glück nicht in der ganzen Rede durch. So hörte ich im Zusammenhang mit dem Mißbrauch von Facebook-Daten folgenden Satz:

»Es wurden die Daten von Nutzerinnen und Nutzern von Facebook weitergegeben, und auch die Daten der Freunde.«

Wo bleiben da die „Freundinnen"? Oder diesen Satz:

»Die Bürger und Bürgerinnen wollen zu einem Großteil keine weitere Einwanderung. Die Ungarn haben mit Schließung ihrer Grenzen den Fluchtweg über den Balkan beendet.«

Wo bleiben denn die „Ungarinnen"?

Man hat den Eindruck, daß Politiker und Angehörige des Establishments ihre Reden mit den Doppelanreden beginnen, um so eine Türe beim weiblichen Zuhörer zu öffnen, dann aber doch eher so sprechen, wie normale Menschen. Das zeigt, daß die Genderanrede nur aufgesetzt ist, daß man einer „Vorgabe" folgt, folgen muß, hinter der man aber eigentlich gar nicht steht. Irgendwer scheint da Druck auszuüben, damit brav gegendert wird. Ich würde das die „Infektionsrate des Genderwahn-Mem-Virus" nennen. Oder anders: Wer nicht so spricht, wie „wir" (wer immer das ist) wollen, der schließt sich selbst von allem aus (Job, Karriere, Einfluß in den Medien, Erfolg im Beruf). Man glaubt es kaum, aber so weit sind wir schon wieder.

Die Doppelanreden sind unbeliebt, denn sie benötigen mehr Zeit („Bürger und Bürgerinnen" hat 5 Silben mehr als „Bürger" allein), unterbrechen den Redefluß und stören die Zuhörer, weil unnötigerweise auf das Geschlecht hingewiesen wird. Angehörige eines angeblichen dritten Geschlechts fühlen sich auch noch ausgeschlossen. Und wie erwähnt, der Emanzipation förderlich ist es wohl nicht, daß Frauen nur in einer vom Männlichen abgewandelten Verkleinerungsform (eigentlich sogar nur in der Verkleinerungsendung) miterwähnt werden.

Man lese nur einmal folgende humplige und unschöne Extrem-Genderei:

In den Hausarztpraxen und Hausärztinnenpraxen;
Innenarchitekt*inneninnung;
Ärzt*innenkammer.

Das Wort „Laien" kann man gar nicht gendern:

Lai*innen;

Statt der ungeliebten Doppelanreden werden Wortformen vermeintlich neutraler Art verwendet. Man spricht nun von:

Studierenden

statt von „Studenten und Studentinnen", weil man „Student" als allein männlich wähnt, und übersieht, daß „Student" ein Stand ist, „Studieren" aber eine Tätigkeit. Man kann Student sein, ohne zu studieren, z. B. in den Semesterferien oder wenn man sein Studium zeitweilig unterbricht. Im Roman „Das Wirtshaus im Spessart" ist in der Gruppe der Reisenden ein Student dabei; den hätte man wohl kaum als „Studierenden" bezeichnen können, da er ja gerade auf Reise war und seine Bücher nicht mitgenommen hatte.

Der Begriff „Studierende" ist grammatikalisch masculin und feminin, denn man kann sowohl sagen „der Studierende" als auch „die Studierende", während man zwar „der Student" sagen kann, aber nicht „die Student". Das „Studentenwerk" hat seinen Namen tat-

sächlich in „Studierendenwerk" umgenannt – ein Hotspot des Mem-Virus-Befalls und ein peinlicher Kniefall vor den Sprachpolizisten. Für diese Leute kann ich nur Verachtung empfinden.
Jeder normale Mensch wird sagen: Das ist ja absoluter Wahnsinn! Und er hat recht. Aber die jetzt 240 hochdotierten weiblichen und diversen Genderwahn-Professoren stehen unter dem Druck, ihre Kosten irgendwie zu rechtfertigen, und dann kommt so ein Wahnsinn heraus.

Das grassirende Mem-Virus hat zu weiteren Wortungetümen geführt, so finden wir nun „Lehrende" und „Lehrkräfte" statt „Lehrer", „Autofahrende" statt „Autofahrer" oder „Radfahrende" statt „Radfahrer"; sogar „Zu Fuß Gehende" statt „Fußgänger" verdanken ihre Existenz dem Genderwahn. Was, wenn über bei Unfällen gestorbene Radfahrer berichtet werden soll, sind es dann „tote Radfahrende", also Zombies auf dem Fahrrad? Und die „Fußgänger-Ampel" wird zur „Zu Fuß gehende Ampel"? Wohin geht diese Ampel nur? Bei dem „Wählende" statt „Wähler" wird wieder übersehen, daß wir Bürger einer Demokratie immer „Wähler" sind, aber nur alle 4 Jahre auch „Wählende", denn die Tätigkeit des Wählens geschieht hier nur alle 4 Jahre. Somit sind solche Versuche immer auch inhaltlich falsch. Präsident Trump warf seinen Gegnern vor, daß diese auch Stimmen längst verstorbener Menschen verwendet (gefälscht) hatten. Sind das dann „tote Wählende"?

Sollen demnächst die „Totengräber" als die „Toten(ver)grabenden" bezeichnet werden? Die „Politiker" als die „Politisierenden", die „Katholiken" als die „Katholizierenden", die „Islamisten" als die „Islamistenden", die „Mönche" (im Buddhismus) als die „Mönchenden", die „Journalisten" als die „Journalistenden" und die „Vergewaltiger" als die „Vergewaltigenden" benannt werden? Dann müßten die „Polizistenden" sofort eingreifen, da der Begriff eines

„Vergewaltigenden" diese Tätigkeit in der Gegenwart bezeichnet. Und was ist mit den „Tätern"? Werden daraus die „Tätenden"? Die „Mörder" werden zu den „Mordenden", die „Bettler" werden zu „Bettelnden", die „Behinderten" zu „Behindernden", die „Uhrmacher" zu den „Uhrmachenden" und „die Zuhälter" zu den „Zuhaltenden".

Wir werden unsere Sprache kaum wiedererkennen.

Kapitel 7

Der Wahnsinn geht weiter

Wer glaubt, mit irgendwelchen Doppelanreden, die es ja vereinzelt auch schon viel früher gegeben hat (ich hörte eine Ansage an die „Hörerinnen und Hörer" von der Aufzeichnung einer Rundfunksendung aus dem 3. Reich) sei es nun getan, und wir hätten damit die Genderwahn-Epidemie überwunden, der irrt sich gewaltig.

Unsere schöne deutsche Sprache soll auch noch in den Füllwörtern verändert, ja verhuntzt werden. Genderwahnsinnige Professoren, tumbe Verwaltungen, linksextreme Politiker arbeiten Tag und Nacht daran, daß vom Deutsch von Goethe und Schiller bald nicht mehr viel übrig sein wird. Die Stadtverwaltung von Hannover scheint ein Superspreader des Genderwahn-Mem-Virus zu sein, denn dort wurde 2019 den Beamten vorgeschrieben, auch in den Füllwörtern zu gendern. Begriffe wie „keiner, keine" müssen durch „niemand" ersetzt werden, „jeder, jede" durch „alle", statt „Rednerpult" heißt es nun „Redepult" (ein „Rednerinpult" oder „Redendenpult" ist uns noch erspart geblieben) und aus der „Teilnehmerliste" soll eine „Teilnahme Liste" werden, die uns an „Anteilnahme" bei Trauerfällen erinnert. Auch die Stadt Lübeck gab Ende 2019 einen Leitfaden heraus, der die Doppelpunkt-Schreibung („Bürger:innen") oder „neutrale" Formulierungen („Teamleitung" statt „Teamleiter", übersehend, das ersteres mehrere Personen, letzteres nur eine meint) empfiehlt. Aber schon 1984 wurden in

Hessen die masculinen Bezeichnungen aus den Formularen des Landes gestrichen. 1995 folgte der Hamburger Senat mit einem Beschluß, wonach die Benutzung männlicher Bezeichnungen auch für Frauen zu vermeiden sei:

»Es ist eine geschlechterbezeichnende Sprache zu verwenden, d. h. Frauen und Männer müssen ihren Beruf, ihre Stellung, ihr Amt usw. mit einem Wort wiederfinden können, das auch ihr Geschlecht bezeichnet.«

Man hat fast den Eindruck, es ginge hier um sexuelle Dienstleistungen für die Reeperbahn, weil so viel Wert auf die Bezeichnung des Geschlechts gelegt wird.
Auffällig ist auch, daß das Genderwahn-Mem-Virus sich besonders in westdeutschen Städten und Universitäten verbreitet. In den neuen Bundesländern sind nur Berlin und Potsdam sowie die Universität Leipzig bisher stärker befallen.

Man fragt sich, was der Grund für eine derartige Sprachveränderung ist und warum gerade jetzt (seit Ende 2020) in fast allen Medien so eine Sprache verwendet wird. Es sieht aus wie eine konzertierte Aktion, also ein von langer Hand vorbereiteter Angriff auf unsere deutsche Sprache und damit einhergehend auf unsere Denkweise, denn natürlich ist den Hintermännern unsere Sprache mehr oder weniger egal, nicht aber unser Denken. Darauf wollen sie Einfluß nehmen; das wollen sie in ihrem Sinne verändern, ja manipulieren. Daß dies nicht gerade demokratisch ist, liegt auf der Hand. Jedenfalls öffnet dieses Vorgehen die Türe für Verschwörungstheorien jeder Art.

Als unbeteiligter Beobachter vermute ich tatsächlich Anweisungen und Anordnungen, die an die Journalisten und Redaktionen gegeben wurden, um diese Aktion zu starten. Auch der Duden ist mit eingebunden und hat bereits in seiner Online-Ausgabe bei den grammatikalisch masculinen Berufsbezeichnungen wie „Arzt" oder „Bäcker" geschrieben; es handele sich allein um den männlichen Arzt und den männlichen Bäcker; weibliche Ärzte oder Bäcker seien nicht mitgemeint. „Ärztin" und „Bäckerin" haben nun einen eigenen Eintrag, wie tausende weitere Begriffe. Nach und nach sollen 12000 Personenbezeichnungen auf diese Weise geändert werden. Damit ist der einst renomierte Duden, dessen Aufgabe die Beobachtung des Sprachgebrauchs war, von einem neutralen Beobachter zu einem ideologisierten Anordner, Manipulator avanciert. Konrad Duden würde sich im Grabe umdrehen, wenn er sähe, was unter seinem Namen für ein Wahnsinn verbreitet wird. Ich sage nur: Jetzt hat der Duden den Anspruch, maßgeblich für alle sprachlichen Zweifelsfälle zu sein, endgültig verspielt. Ich werde mich nicht mehr nach dem heutigen Duden richten, sondern nur nach dem alten.

Ich erwähnte es: diese konzertierte Aktion der Sprachmanipulation ist nicht von selbst durch natürliche Entwicklung gekommen, sondern wurde von Hintermännern stabsmäßig geplant. Es gibt Anweisungen und Wortlisten, die künftig zu verwenden sind, wie z. B. in Hannover. Man braucht bald ein neues Wörterbuch „Deutsch – Gendersprache" für die Leute, denen der Unsinn noch nicht tief genug ins Gehirn gedrungen ist. Und die normalen (nicht genderwahnsinnigen) Bürger brauchen ein Wörterbuch „Gender – Deutsch" um überhaupt noch verstehen zu können, was da gesagt oder geschrieben wurde.

Eine Liste des Deutschlandradios liegt mir vor. Dort wird auf einer Tabelle unter „fair ..." und „statt ..." aufgeführt, wie zukünftig „fair" formuliert werden soll (die normale Sprache ist dann also

„unfair"). Dort ist zwar noch von „sollen" die Rede, aber aus so einem „sollen" kann schnell ein „müssen" werden; insbesondere Karrieristen haben die unangenehme Angewohnheit, im vorauseilenden Gehorsam solche „Soll"-Anweisungen schnell zu übernehmen (ich setze links die normale Sprache, rechts die gegenderten Formulierungen, auf der Liste des DR ist es umgekehrt):

Bisher:	**Neuerdings:**
Gesucht wird ein Mitarbeiter;	Die Ausschreibung richtet sich an Mitarbeitende;
Teilnehmer, Interessenten;	Teilnehmende, Interessierte;
Fachmänner, Experten;	Fachkraft, Fachleute;
Vertrauensmänner;	Vertrauenspersonen;
Personalvertreter,	Personalvertretung,
Studioleiter;	Studioleitung;
Parlamentarier;	Abgeordnete;
Zuschauer;	Publikum, Auditorium;
Teilnehmer;	teilgenommen haben;
Referenten;	es referieren;
Vertreter;	vertreten durch;
Herausgeber;	herausgegeben von;

festangestellte Mitarbeiter, freie Mitarbeiter;	die Festangestellten; die Freien;
Der gläserne Abgeordnete;	Gläserne Abgeordnete;
Der Direktor, die Chefs;	die Direktion; Führungskreis;
die Mitarbeiter;	Team, Personal;
Die Moderatorin oder der Moderator, die oder der das Studio nutzen;	Bitte beachten Sie, wenn Sie das Studio betreten …;
Die Mitarbeiter erhalten monatlich einen Familienzuschlag;	Der Familienzuschlag wird monatlich gezahlt;
Hilfe eines Arztes;	ärztliche Hilfe;
Rat eines Fachmanns;	fachkundiger, fachlicher Rat;
Jeder ist eingeladen; Alle wundern sich;	Alle sind eingeladen; Viele wundern sich;
Die Teilnehmer des Seminars sind berechtigt;	Die Teilnahme am Seminar berechtigt zu;
keiner;	niemand;
Ärzte und Pfleger;	Viele Ärztinnen in Deutschland klagen über zu lange Arbeitszeiten. Und den Pflegern geht es nicht besser;

Präsident Macron und	Präsident Macron und
Frau Merkel	Bundeskanzlerin Merkel
trafen sich in Berlin;	trafen sich in Berlin;
Der Abteilungsleiter Herr X	Der Abteilungsleiter Herr X
sprach mit Frau Y;	sprach mit der Teamleiterin
	Frau Y;
	Herr X sprach mit Frau Y;
Mitarbeiter;	Mitarbeiterin und Mitarbeiter;
Redakteur;	Redakteurin und Redakteur;
Autor;	Autor/in;
Kollegen	Kolleg*innen
	der/die Kollege/in
	KollegIn, Kolleg(inn)en,
	Mitarbeiter (m/w/div.);
	Kolleginnen und Kollegen;

Soweit die Anweisungen des Deutschlandradios. Wenn man sich die Empfehlungen ansieht, bemerkt man einen unterschwelligen Kampf gegen jedes grammatikalisch masculine Wort. Zuweilen werden einfach feminine Wörter dafür genommen, etwa „Fachkraft". Welchen Sinn hat es, masculine Wörter durch feminine zu ersetzen? Das blieben ja dann doch geschlechtsspeziefische Begriffe.

Bezeichnend auch, daß Berufsbezeichnungen eines Mannes dann weggelassen werden sollen, wenn die Frau eine ähnliche Position nicht hat. „Der Abteilungsleiter Herr X sprach mit Frau Y" ist also zu ersetzen, indem man zu „Frau Y" noch „Teamleiterin" setzt, oder (falls die es nicht ist) auch den „Abteilungsleiter" wegläßt:

„Herr X sprach zu Frau Y". Eine selbsterarbeitete Position im Betrieb soll man weglassen, weil die Frau so eine Position nicht hat? Das ist ja schon halbe Revolution. Die arme Frau könnte sich ja irgendwie zurückgesetzt fühlen, weil sie keine Position hat. Verdammt noch mal, dann soll sie sich gefälligst eine erwerben!

Ganz inakzeptabel ist der Satz: „Viele Ärztinnen in Deutschland klagen über zu lange Arbeitszeiten. Und den Pflegern geht es nicht besser". Diese Formulierung ist mißverständlich, denn sie suggeriert, daß zu den Pflegern (männl. und weiblich) nur weibliche Ärzte klagen, obwohl gemeint sein soll, daß alle Ärzte (männlich und weiblich) klagen.

Urheber dieser idiotischen Anweisungen ist übrigens eine Arbeitsgruppe im Auftrage des Geschäftsführers, unterzeichnet von einem gewissen Stefan Raue. Und da das Deutschlandradio zur ARD gehört, wird das Ganze auch noch von unsern Zwangsgebühren bezahlt.

Es wird Zeit, den Rundfunkbeitrag zu kürzen, denn offenbar haben die Mitarbeiter da etwas zu viel Freizeit, in der sie derartigen Unsinn verzapfen. Da sollten dringend „Mitarbeitende" und „Gendernde" entlassen werden!

Kapitel 8

Warum das alles?

Wenn man nach einer Begründung fragt, warum das alles mit viel Aufwand geschieht, dann bekommt man die Antwort, unsere Sprache müsse „geschlechtergerecht" werden, d. h. sie ist angeblich derzeit nicht „geschlechtergerecht". Dies ist bereits eine nicht zutreffende Behauptung, denn unsere Sprache ist durchaus allen Geschlechtern gegenüber gerecht. Wenn man allerdings den Fehler macht, biologische Geschlechter mit grammatikalischen gleichzusetzen und dann auch noch das sog. „generische Masculinum" mißversteht, dann könnte es so aussehen.

Ich hatte ja schon erklärt, daß die biologischen Geschlechter nichts mit den grammatikalischen zu tun haben. „Der Schrank" ist grammatikalisch masculin, ohne deswegen irgendwie biologisch männlich zu sein. Grammatikalisch feminine Begriffe („Person", „Katze", „Maus" usw.) können für biologisch männliche Wesen stehen und umgekehrt können grammatikalisch masculine Begriffe („Mensch") auch für biologisch weibliche Wesen stehen. Die Artikel wechseln dann auch noch in den Mehrzahlen oder in den grammatikalischen Fällen. Kein Wort, welches einem Laien wegen des Artikels als „männlich" oder „weiblich" erscheint, ist es deswegen auch; die Bezeichnung der Artikel (masculin, feminin, neutral statt A, B, C) ist schon willkürlich definiert worden.
Unsere Sprache ist also in keiner Weise nicht geschlechtergerecht.

In dem erwähnten Merkblatt „Geschlechtergerechte Sprache im Deutschlandradio" heißt es u. a. recht entlarvend:

»Sprache beeinflußt maßgeblich, welches Bild von der Welt wir vermitteln. Und Sprache verändert sich, sie greift gesellschaftliche Veränderungen auf und prägt sie zugleich.«

Hier wird klar zugegeben, daß die Sprache mißbraucht wird, um ein bestimmtes Weltbild zu vermitteln. Die Sprache prägt (zukünftige) gesellschaftliche Veränderungen; das kann ja nur bedeuten, daß diese Veränderungen mithilfe der Sprache erreicht werden sollen. Zwar wird auch gesagt, daß Sprache gesellschaftliche Veränderungen (die schon eingetreten sind) aufgreift, doch das erscheint eher als Alibisatz, denn es ist ja nur eine kleine Minderheit, die Gendersprache verwendet. Wenn man es liest, klingt es nur harmlos so, als wenn eben Veränderungen von selbst eingetreten seien, was nun die Sprache konsequent aufgreift. Tatsächlich geht es um eine Veränderung einer Minderheitenposition, die der Mehrheit aufoktruiert werden soll. Gesagt ist ja auch, daß Sprache gesellschaftliche Veränderungen prägt, also selbst erzeugt.

Ein Hauptargument der Genderwahnsinnigen ist das Pochen auf Veränderungen. Sprache habe sich zu allen Zeiten verändert, und die Genderei ist eben auch eine natürliche Veränderung. Und genau das trifft nicht zu.

Eine natürliche Entwicklung der Sprache ist z. B. die Aussprache von „Pferd", was heute oft nur noch als „Ferd" gesprochen wird. Oder wenn 50 % der Menschen statt Quarantäne (kwarantäne) nur „karantäne" sprechen (interessanterweise sagen sie nicht zum „Quackfrosch" dann „Kackfrosch"). Wenn viele statt „Accessoires", richtig gesprochen: „Akzessoires", nun „Assesoires" sagen.

Der Gruß „Ad Dieu", den meine Großtante noch verwendete, wurde bei meinem Onkel schon zu einem „Adjüs", und ich erwische mich oft, daß ich „Tschüß" sage. So hat sich ein französischer Gruß in Deutschland in kurzer Zeit verändert, das ist natürliche Sprachentwicklung.

Auch setzt sich immer mehr die Bezeichnung „Flieger" für „Flugzeug" durch; bisher meinte „Flieger" aber immer den Piloten, nicht dessen Fluggerät. Hans Albers konnte daher im Film „F.P. 1 antwortet nicht" singen:

»Flieger, grüß mir die Sonne,
Grüß mir die Sterne und grüß mir den Mond.
Such dir die schönste Sternenschnuppe aus
Und bring sie deinem Mädel mit nach Haus.«

Mit Sicherheit sollte nicht das Flugzeug die Sternenschnuppe aussuchen und einer Freundin bringen. Wenn also heute viele unter „Flieger" nicht den Piloten, sondern das Flugzeug verstehen, dann wäre das eine natürliche Sprachentwicklung. Daß die Menschen, die so sprechen, offenbar gar keine Ahnung von der eigentlichen Bedeutung von „Flieger" mehr haben, zeigt, daß sie von der Vergangenheit abgeschnitten sind, daß sie alte Filme oder Bücher gar nicht mehr kennen. Sagt eine Frau „ich nehme den Flieger", dann denke ich zuerst, die Person will mit dem Piloten eine Liaison anfangen, doch sie will nicht den Piloten, sondern nur das Flugzeug besteigen.

So etwas ist natürliche Sprachentwicklung, auch durch Unwissenheit genährt. Aber das Gendern ist eben keine natürliche Sprachentwicklung, sondern eine von oben aufoktruierte Neuform, die von $^2/_3$ der Menschen nicht gesprochen wird. Aufgezwungene Regeländerungen sind eben keine „natürliche Sprachentwicklung".

Eine andere Begründung beruft sich auf den Beschluß des Bundes-verfassungsgerichtes vom 10. 10. 2017. Dieses hatte zugelassen, daß künftig auf den Einträgen der Geburten in den Standesämtern und den Personenstandsurkunden bei Personen, die sich dauerhaft weder dem männlichen noch dem weiblichen Geschlecht zuordnen lassen, auch eine Eintragung als „divers" möglich sein muß; ich bin darauf ja schon ab Seite 13 eingegangen.

Es gibt tatsächlich seltene Fälle, da kann ein Kind männliche und weibliche Geschlechtsorgane aufweisen. Das ist zwar eindeutig eine Mißbildung, ein genetischer Defekt, aber kommt vor. Früher sprach man von „Zwittern". Man weiß nicht, ob es sich um einen Jungen oder ein Mädchen handelt und trägt daher „divers" in die Urkunden ein, bis irgendwann einmal entschieden ist, was für ein Geschlecht das Kind hat. Früher wurde das von den Eltern festge-legt und das Kind umoperiert; das empfindet man heute als unzu-lässige Fremdbestimmung des Kindes, während man die Genitalbe-schneidung (Verstümmelung) von Jungen aus religiösen Gründen nicht als Fremdbestimmung ansieht. Aber dieses angebliche „dritte Geschlecht" ist eben in Wahrheit kein drittes Geschlecht, sondern das Vorhandensein von erstem und zweitem Geschlecht zusam-men. Deswegen hätte eine Doppeleintragung „m/w" (männlich oder weiblich) auch gereicht.
Das Geschlecht – das lernt jeder Biologieschüler auf dem Gymna-sium – läßt sich auch anhand der Chromosomen bestimmen. Eine derartige Geschlechtsbestimmung ist z. B. bei hormonüberfrachte-ten Leistungssportlern üblich. Es wäre also richtiger, das Ge-schlecht eines Kindes mit männlichen und weiblichen Genitalien durch die Chromosomen eindeutig zu bestimmen (XX oder XY) und so das Kind einzutragen und später, wenn es gewünscht wird, den Körper entsprechend chirurgisch anzugleichen. Nur in selte-nen Fällen stimmen Chromosomen und der Phänotyp des Kindes

nicht überein, was man als Störung (oder Gendeffekt) ansieht. Dazu ghören XY-Mädchen oder XX-Jungen und andere Varianten der Geschlechtschromosomen. Eine freie Wahl des Geschlechtes sollte jedenfalls nicht möglich sein; das Leben ist kein Wunschkonzert und kein Supermarkt. Was die Natur uns vorgibt, sollte nicht geändert werden dürfen. Aber selbst ein unoperierter Mensch mit beiden Merkmalen ist entweder männlich oder weiblich, hat körperlich von beiden Geschlechtern etwas; nie aber hat er ein weiteres, drittes Geschlecht. Seine Chromosomen und sein Phänotypus zeigen immer entweder auf „männlich" oder „weiblich"; eine andere Form gibt es nicht. Trotzdem werden nun alle Stellenangebote plötzlich auf drei „Geschlechter" ausgeschrieben, selbst in der kleinsten Provinzzeitung: „m/w/d" oder „männlich/weiblich/divers". Ich bin auf Seite 46f schon darauf eingegangen. Das ist völliger Unsinn und sollte schleunigst abgeschafft werden. Es heißt, daß eine Stellenausschreibung, die die Geschlechter nicht berücksichtigt, diskriminierend sei. Deswegen reicht es, wenn man das sog. „generische masculin" verwendet, welches ja – wie ich schon ausführte – alle biologischen Geschlechter umfaßt. Es reicht also, wenn man in Stellenangeboten schreibt: „Gesucht wird ein Mitarbeiter" – dieses Wort umfaßt alle Geschlechter und somit diskriminiert es keinen. Eines „(m/w/d)" dahinter bedarf es nicht. Beruhigend ist, daß viele Menschen dieses „d" als „deutsch" deuten. „(m/w/d)" verstehen sie als männlich, weiblich und deutsch. Auch als „disabled" (behindert) wird dieses „d" zuweilen verstanden.

Inzwischen haben sog. „Genderforscher" eine Liste von über 60 angeblichen sozialen Geschlechtsidentitäten erstellt, was man nur noch mit Kopfschütteln kommentieren kann:

»androgyner Mensch / androgyn / bigender / weiblich / Frau zu Mann (FzM) / gender variabel / genderqueer / intersexuell (auch inter*) / männlich / Mann zu Frau (MzF) / weder noch / geschlechtslos / nicht-binär / weitere / Pangender / Pangeschlecht / trans / transweiblich / transmännlich / Transmann / Transmensch / Transfrau / trans* / trans*weiblich / trans*männlich / Trans*Mann / Trans*Mensch / Trans*Frau / transfeminin / Transgender / transgender weiblich / transgender männlich / Transgender Mann / Transgender Mensch / Transgender Frau / transmaskulin / transsexuell / weiblich-transsexuell / männlich-transsexuell / transsexueller Mann / transsexuelle Person / transsexuelle Frau / Inter* / Inter*weiblich / Inter*männlich / Inter*Mann / Inter*Frau / Inter*Mensch / intergender / intergeschlechtlich / zweigeschlechtlich / Zwitter / Hermaphrodit / Two Spirit drittes Geschlecht (zwei in einem Körper vereinte Seelen) / Viertes Geschlecht / XY-Frau / Butch (maskuliner Typ in einer lesbischen Beziehung) / Femme (femininer Typ in einer lesbischen Beziehung) / Drag / Transvestit / Cross-Gender.«

Andere nennen sogar 72 bis zu 600 Geschlechtsidentitäten. Wir kommen hier dem Wahnsinn nahe, und daher erspare ich mir die weitere Aufzählung.

Es gibt nur zwei biologische Geschlechter in der gesamten Natur. Das findet sich sogar in der Bibel (Genesis 1, 27):

»Und Elohim schuf den Menschen ihm zum Bilde, zum Bilde Elohims schuf er ihn; und schuf sie einen Mann und ein Weib.«

Das Original hat hier sogar noch die alte Pluralform Elohim (wörtlich: „Götter") beibehalten, obwohl der Vers selbst in der Einzahl steht und sich nur noch auf den einen Gott beziehen soll. Und wem die Bibel nicht maßgeblich ist, dem sei auch die Edda (altnordische Mythensammlung) zitiert (Gylf. 9):

»Als Bors Söhne am Seestrand gingen, fanden sie zwei Bäume. Sie nahmen die Bäume und schufen Menschen daraus (...) Den Mann nannten sie Askur und die Frau Embla, und von ihnen kommt das Menschengeschlecht, welchem Midgard zur Wohnung verliehen ward.«

Ein drittes Geschlecht wird in Bibel und Edda nirgends erwähnt.

Kürzlich wurde im RBB-Fernsehen ein „Diverses" vorgestellt: Als Mädchen geboren, war es nie mit seinem Geschlecht zufrieden, es wollte sogar Selbstmord begehen. Die Mutter stimmte einer Geschlechtsumwandlung zu. Nun erhielt das Kind männliche Hormone, bekam eine tiefe Stimme, Bartansatz und schnitt sich die Haare kurz. Seine Genitalien blieben weiblich, es stopft sich nun männliche Plastik-Genitalien in die Hose, und wir sollen dieses Wesen als Jungen bezeichnen (ansonsten betreiben wir Diskriminierung).

Aber ein mit männlichen Hormonen vollgestopftes Mädchen bleibt ein Mädchen. Selbst wenn die Genitalien umopetriert würden, bliebe es doch ein – nun verstümmeltes – Mädchen. Denn seine Chromosomen bleiben ja XX und werden nicht zu XY. Und wenn die Hormonzufuhr aus irgendwelchen Gründen ausgesetzt würde, dann würde sich das Kind schnell wieder zum Mädchen zurückbilden.

In diesem Falle haben so ziemlich alle versagt: Das Kind, welches seinen natürlichen Zustand nicht akzeptieren will, die Mutter (mit kurzen, feuerrot gefärbten Haaren), die dem Kinde nicht beibringen konnte, biologische Tatsachen zu akzeptieren, wie sie selbst es ja auch nicht tut, wie die roten Haare zeigen, und die Erzieher, die dem Kinde nicht Sinn und Aufgabe des Lebens beibringen konnten. Und natürlich die Ärzte, die Hormone verordnen, anstatt eine

Psychotherapie zu beginnen. Daß die Zufuhr von künstlich herge-
stelltem Testosteron viele Nebenwirkungen (z. B. Nierenschäden)
verursacht, sei am Rande erwähnt. Zu seiner Produktion wurden
früher Tiere getötet.

Es ist keine Laune der Natur, wenn einer im angeblich „falschen"
Geschlecht geboren wird; es ist eine Laune dekadenter Menschen,
ihren Körper nicht zu akzeptieren. Und es ist eine Aufgabe, denn
alles in der Natur hat Sinn. Vielleicht muß dieser Mensch lernen,
die Sicht auf die Welt aus einem weiblichen Körper und Blickwinkel heraus zu erleben; vielleicht war er im letzten Leben ein frauen-
unterdrückender Mann und muß nun im derzeitigen Leben als Frau
lernen, wie man sich da fühlt. Das Karma hat durchaus so seine
Gesetzmäßigkeiten und Möglichkeiten. Umoperieren gehört nicht
dazu.

Kapitel 9

Sexualisierung

Wir leben in einer Zeit, wo sich die Geschlechter immer mehr einander angleichen. Frauen tragen nur noch selten weibliche Kleidung (Röcke, Kleider, Kostüme) und haben oft sogar kurze Haare wie Männer. Sie streben in alle Berufe, sogar in das Militär und lehnen die eigentlichen weiblichen Dinge ab. Selbst Armbanduhren, Sonnenbrillen oder Fahrräder werden heute auch in „unisex" völlig gleich für beide Geschlechter angeboten. In den Unterhaltungsfilmen aus Hollywood treten immer häufiger kämpfende und schießende „Frauen" auf, was noch vor einigen Jahren undenkbar war. Lara Croft, The Avengers oder Alina – die Kriegerin sind einige. Auch in der Alien-Filmreihe ist es eine weibliche Hauptdarstellerin, die den Aliens den Garaus macht, während die Männer versagen.

Gleichzeitig wehren sich Frauen dagegen, als Lustobjekte des Mannes dargestellt zu werden; die vielen Zeitschriftentitelbilder mit nackten oder spärlich bekleideten Frauen, die man früher an den Kiosken sah, gibt es nicht mehr, selbst die Bild-Zeitung hat das Softsex-Mädchen von Seite 3 (oder war es die letzte Seite?) entfernt. Moderne Frauen wollen gleichberechtigten Sex und nicht Lustobjekt sein.

Umgekehrt werden Männer in einigen deutschen Filmen immer weiblicher, verlieren alle Macho-Eigenschaften, trauen sich sogar zu weinen und nutzen ihre Körperkraft nicht, um einen Gegner außer Gefecht zu setzen. In einer Inga Lindström-Verfilmung sah ich kürzlich einen Mann, der dem Nebenbuhler seiner Verlobten gegenüberstand und brav abgezogen ist, anstatt ihn zu verprügeln. Natürliche männliche Verhaltensweisen werden den heutigen Männern in Deutschland aberzogen; in den USA ist es noch nicht so, da gelten starke, kämpfende Männer immer noch als Ideal.

Wie auch immer, bei uns ist in den Medien der weiche, brave und unmännliche Mann gefragt. Auch die männlichen Journalisten zeigen durch ihre Beiträge, daß sie auf dieser Linie liegen.

Bei dieser Entwicklung ist es völlig anachronistisch, nun überall auf das Geschlecht eines Menschen hinzuweisen, ja, es sogar noch zu betonen. Warum muß ich, wenn von Lehrern und Schülern die Rede ist, darauf hingewiesen werden, daß es auch weibliche Lehrer und weibliche Schüler gibt? Warum müssen Journalisten von „Lehrerinnen und Lehrern" und „Schülerinnen und Schülern" reden, wenn es um ganz banale Angelegenheiten der Schule geht? Nur wenn im Lehrerzimmer eine Orgie gefeiert worden wäre, wäre es interessant darauf hinzuweisen, daß es sich um Lehrerinnen und Lehrer gehandelt hatte. Noch ärgerlicher ist die willkürliche Kombination, die ich auch schon bei den Anweisungen des Deutschlandradios angeprangert hatte („Ärztinnen und Pfleger"). Wie klingt etwa „Lehrerinnen und Schüler" (also die gegenderte Form, die aber alle Lehrer und alle Schüler meinen soll)? Und was könnte man im umgekehrten Fall „Lehrer und Schülerinnen" denken? Genau, man denkt an sexuellen Mißbrauch von Schülerinnen durch Lehrer.

Es ist völlig widersinnig, überall zu sagen, Mann und Frau seien gleich, dann aber überall auf die geschlechtlichen Unterschiede hinzuweisen, die eben dieser Gleichheit widersprechen. Sollten nicht Menschen gleichbehandelt werden völlig unabhängig davon, welches Geschlecht sie haben? Sollten nicht die Fähigkeiten eines Menschen zählen, und nicht sein Geschlecht? Werden nicht gerade Frauen wegen ihres weiblichen Geschlechts schlechter behandelt als Männer? Ist es sinnvoll, eine Spaltung der Gesellschaft in die Geschlechter durch Frauenquoten herbeizuführen? Im Grundgesetz heißt es, daß niemand wegen seines Geschlechts (gemeint waren natürlich nur die beiden biologischen Geschlechter) bevorteiligt oder benachteiligt werden darf; aber eine Frauenquote bevorteiligt Frauen, weil deren berufliche Qualifikation nicht mehr das Hauptkriterium ist und ist damit grundgesetzwidrig. „Gleiche Rechte" bedeutet auch nicht „Gleichmacherei".

Aus meiner eigenen Erfahrung kann ich sagen, daß mich die Genderfloskeln in den Staatsmedien immer vom Inhalt der Meldung ablenken. Die Gedanken werden auf einen Punkt gelegt, der in der Meldung völlig unbedeutend ist. Ja, eigentlich werden die Gedanken auf einen Punkt unter der Gürtellinie gelenkt, wenn Journalisten uns Zuschauer unbedingt darüber informieren müssen, daß da doch tatsächlich auch weibliche Personen beteiligt waren. Soll ich als Zuschauer nun denken „Na toll, daß auch Frauen so etwas machen"? oder eher „das kann ja nichts werden, wenn Frauen da mitmachen"?

Die Betonung der Geschlechter in der Sprache ist eigentlich sexistisch. Das ist insofern kurios, da mit der Gendersprache ja eigentlich gegen Sexismus vorgegangen werden sollte. Schon 1980 veröffentlichte der weibliche Sprachwissenschaftler Luise Pusch zusammen mit drei anderen weiblichen Linguisten „Richtlinien zur Vermeidung sexistischen Sprachgebrauchs" um so eine angeblich nicht vorhandene Gleichberechtigung auch in der Sprache zu erreichen.

Frau Nele Pollatschek ist Schriftsteller und schrieb (im Berliner
„Tagesspiegel“ vom 30. 8. 2020):

»Im Grunde gibt es nur ein einzig wirklich gutes Argument gegen
das Gendern: Es ist leider sexistisch. Ich sage leider, denn Menschen, die Gendern sind grundsympathisch. Wer gendert, tut das
in der Regel, um auf sprachliche und gesellschaftliche Ungerech-
tigkeiten hinzuweisen. Gendern ist eine sexistische Praxis, deren
Ziel es ist, Sexismus zu bekämpfen.«

Frau Pollatschek berichtet dann ausführlich über die Situation in
England. Danach hatte sie ein Professor gefragt, ob wir in
Deutschland tatsächlich „BundeskanzlerIN“ sagen würden und
warum denn die deutschen Feministen nichts dasgegen täten, daß
es unterschiedliche Wortformen für Männer und Frauen gibt und
diese also sprachlich unterschiedlich behandelt werden:

»Der englische Professor sah im deutschen Gendern das, was
wir nur erkennen können, wenn wir die Analogie mit einer anderen Identitätsbeschreibung bilden: Diskriminierung.
Wenn wir im Deutschen gendern, dann sagen wir damit: Diese
Information ist so wichtig, daß sie immer mitgesagt werden muß.
Und wir sagen: Nur diese Information muß immer mitgesagt werden. Es ist richtig, auf alle anderen Identitätskategorien nur dann
zu verweisen, wenn sie relevant sind, nur das Geschlecht wird
immer angezeigt, damit machen wir es zur wichtigsten Identitäts-
kategorie.
Wenn es mich nicht gerade traurig macht, kann ich einen gewissen Humor darin entdecken, wie besessen Deutschland von Genitalien ist. Denn mit wenigen Ausnahmen geht es beim Gendern
um Genitalien, nicht notwendigerweise um die, die wir sehen,
aber um die, von denen wir denken, daß sie da sind.

Wer aus meinem „Schriftsteller" ein „Schriftstellerin" macht, kann auch gleich „Vagina"! rufen. Das hat den gleichen Informationswert, wäre aber komischer und aufrichtiger und mir deutlich lieber. Daß das deutsche Gendern britische Feministen befremdet, ist nicht überraschend. Denn während britische Nachrichten von Theresa May oder Margaret Thatcher einfach nur als ungeschlechtlichen Prime Minister sprachen, sind die Deutschen gezwungen, immer wenn wir von Dr. Merkel sprechen, auch auf die Form der regierenden Genitalien hinzuweisen.

Der englische Gedanke ist schlichtweg dieser: Der Weg zu Gleichheit ist Gleichheit. Wer will, daß Männer und Frauen gleich behandelt werden, der muß sie gleich behandeln und das heißt, sie gleich zu benennen.

Während die Deutschen sich für das permanente Benennen von Geschlechterunterschieden entschieden haben, haben die Briten sich entschieden, das Anzeigen von Geschlechtlichkeit so weit wie möglich zu vermeiden. Dafür haben sie mit typisch britischer Pragmatik, die Form gewählt, die ihre Sprache sowieso als generisch hergibt. Diese Form ist im Englischen, genau wie im Deutschen, identisch mit der männlichen Form.«

Frau Pollatschek ist das aufgefallen, was mir auch schon auffiel, seit ich gegen meinen Willen mit Gendersprache konfrontiert wurde, nämlich daß diese Sprache unnötigerweise unter die Gürtellinie geht. Die Geschlechter werden überbetont, auch dort, wo es überhaupt keine Rolle spielen sollte, welches Geschlecht ein Mensch hat. Der Grund ist, daß LGBTTIQ-Personen das Geschlecht überwichtig nehmen und sich nur darüber definieren. Diese Personen beeinflussen die Gendersprache; in ihren Köpfen treten die geschlechtlichen Unterschiede extrem in den Vordergrund und wer das ablehnt, bei dem wittern diese genitalfixierten Leute sofort Diskriminierung auf sexueller Grundlage.

In England geht man – wie erwähnt – den anderen Weg und nutzt männliche und weibliche Formen weniger. Mit neutralen Wörtern sollen alte, masculin definierte Begriffe ersetzt werden, so etwa „humankind" (Menschheit) statt „mankind" (Menschheit) oder „police officer" statt „policemen".

Die Wissenschaft stelle dazu passend fest, daß in den Staaten, wo die Sprache keine grammatikalischen Geschlechterzuteilungen kennt, Frauen häufiger berufstätig sind, häufiger als Unternehmer arbeiten und sich auch häufiger politisch beteiligen. In Studien wurden dazu um die 100 Länder untersucht, in denen die Sprache deutliche grammatikalische Geschlechter kennt (wie im Deutschen), weniger deutliche (wie im Englischen) oder gar keine (wie im Finnischen). Geschichtliche Faktoren wurden dabei herausgerechnet. Auch genießen nach einer Studie Frauen in Ländern, wo an männliche Begriffe weibliche Endungen angehängt werden, weniger Respekt.

Diese Studien sprechen also gegen das Gendern, doch auch sie offenbaren den wahren Hintergedanken: Es geht darum, Frauen in die Berufe zu drängen und damit Familie und Kinderaufzucht zu erschweren. Aber selbst die Genderianer wissen nicht, ob der Einfluß der Sprache oder das gelebte Vorbild mehr wiegt, was die Frage der Berufsergreifung junger Mädchen betrifft. Ein Mädchen wählt einen als Männerberuf bekannten Beruf vielleicht nicht deswegen aus, weil die Bezeichnung gegendert (verweiblicht) wurde, sondern weil eine Verwandte oder Bekannte diesen Beruf bereits ausübt und somit Vorbild für das Mädchen wird.
Ich persönlich bin auch aus den schon genannten sprachlichen Gründen gegen Genderwahn und natürlich auch aus Gründen der Tradition. Sprache sollte nicht willkürlich politischen Interessen untergeordnet werden dürfen.

Kapitel 10

Womit wir rechnen müssen

Ich bin nicht so vermessen, daß ich mir einbilde, mit diesem Buch die Genderianer irgendwie dazu zu bringen, ihr traditionsloses, sprachzerstörerisches Tun zu unterlassen. Es heißt nicht umsonst „Gender-Wahn" oder „Gender-Gaga", diese Leute sind meiner Ansicht nach tatsächlich psychisch gestört; da helfen gute Argumente gar nichts. Nur gute Psychiater könnten hier noch helfen. Somit wird es mit dem Genderwahn weitergehen, und ich will aufzeigen, womit wir dann noch so alles rechnen müssen.

Die Genderwahnsinnigen haben sich verschiedene Formen einer „geschlechtergerechten" Wortverwendung ersonnen. Da gibt es die erwähnten Doppelungen:

Sehr geehrte Leser und Leserinnen.

oder:

Sehr geehrte Leserinnen und Leser.

Das benötigt viel Zeit und ist immer ein Holper. Auch drängt sich mir immer der Einwand auf, was denn mit den „Leser Außen" ist, wenn ich „Leser Innen" höre. Darum gibt es die Zusammenfassung als die Tätigkeit bezeichnendes Hauptwort:

Sehr geehrte Lesende.

Aber wenn man so ein Wort hört, wird man unweigerlich auf die Genderei gestoßen und schüttelt nur verständnislos den Kopf. Weitere Versuche sind der Apostroph, der Doppelpunkt („gender glottal stop", „Knacklaut") oder der Unterstrich („gender gap"):

Sehr geehrte Leser'innen;
Sehr geehrte Leser:innen;
Sehr geehrte Leser_innen.

Beim Vorlesen wird eine kurze Pause gemacht, das klingt dann wie ein Gender-Gestotter, sehr unschön.

Stattdessen finden wir auch das sog. „Gendersternchen" („Asterisk", nicht mit dem Gallier „Asterix" zu verwechseln):

Sehr geehrte Leser*innen

Zuweilen sogar ohne die Endung (das wäre die einzigste Form, die ich irgendwie noch nachvollziehbar halten könnte):

Sehr geehrte Leser*

Manche setzen das Gendersternchen auch direkt als i-Punkt auf das i. Nur geht das nicht im Satz, da es so ein Sternchen-i nicht gibt; es ginge nur in der Handschrift. Deswegen kann ich hier auch kein Beispielwort setzen. Unter den im Satz verfügbaren Sonderzeichen finde ich nur das folgende: ĭ. In der Graphologie (Handschriftendeutung) gilt ein runder Kreis oder Kringel über einem I statt des I-Punktes als „infantil" und „zurückgeblieben", und das scheint mir auch für ein Sternchen auf dem I zu gelten.

Es gibt weiter den Gender-Hochpunkt (Mediopunkt):

Sehr geehrte Leser·innen.

Und natürlich den Klassiker, das Binnen-I („Binnenmajuskel"), seit den 80er und 90er Jahren bekannt:

Sehr geehrte LeserInnen.

Dieses I sieht allerdings in endstrichlosen Schriften wie ein kleines l (L) aus und kann so verlesen werden, gerade in Worten wie:

MitarbeiterIn, LehrerIn, StudentIn.

Man denkt hier an „Schrammeln", die Musik einer Wiener Tanzkapelle des 19. Jh., und der Titel eines Spielfilms von 1944. Also „StudenteIn, LehrerIn, MitarbeiterIn. In Großbuchstabenschrift (Versalien) verschwindet zudem die männliche Form ganz:

MITARBEITERIN, LEHRERIN, STUDENTIN.

Nun wissen wir alle, daß ein Großbuchstabe nicht mitten im Wort stehen kann. Bei der Lateinschrift mag das noch irgendwie gehen, aber bei unserer eigenen nationalen deutschen Schrift geht das gar nicht:

Sehr geehrte LeserInnen.

Frühere Generationen nutzten die Schrift nicht allein zum Aufschreiben von Texten, sondern das Schrift- oder Druckbild sollte auch noch schön aussehen. Man fand dann das kleine ſ (ſ) am Ende eines Wortes nicht so schön; der lange Lulatsch, der auch nicht

ganz gerade ist, störte das Schriftbild und so erfand man das sogenannte Schluß-ſ (s). Das zeigt, wieviel Mühe man sich seinerzeit
machte. Heute aber werden alle ästhetischen Gesichtspunkte durch
dieses Binnen-I geleugnet.

In Untersuchungen großer Text-Sammlungen konnten Fachmänner zeigen, daß die Verwendung des Binnen-I inzwischen wieder
stark zurückgeht.

Viele der Gender-Methoden sind schon deshalb schwer machbar,
weil die meisten Satzmaschinen die benötigten Zeichen (etwa den
Mediopunkt) gar nicht auf der Tastatur haben und somit eigens ein
Sonderzeichen gesucht und eingefügt werden müßte.

Der Gender-Gap-Unterstrich wird ganz oder teilweise unsichtbar
(verschwindet), wenn die Textzeile insgesamt unterstrichen ist oder
als Hyperlink unterstrichen wird:

<u>Liebe Leser innen</u>
<u>Liebe Leser_innen</u>

Einen weiteren Nachteil haben fast alle diese Versuche: Der männlichen Bezeichnung werden Buchstaben genommen. Wenn wir also
das Wort „Polizisten" verunstalten, so daß es mit Genderstern zu
einem „Polizist*innen" wird, dann fehlt das „-en" der männlichen
Form, denn es gibt zwar „Polizistinnen", aber keine „Polizist", sondern nur „Polizisten". Also müßte man „Polizisten*innen" gendern, was wiederum die weibliche Form verunstaltet. Und die Tätigkeit zu nehmen, also „Polizistende" geht gar nicht. „Polizeibeamte*innen" geht auch nicht, man müßte dann dem „Beamten" das
End-e nehmen; außerdem gibt es heute auch viele Angestellte bei
der Polizei.

Sprachprogramme, wie Blinde sie nutzen, kommen mit dem Stern
im Wort nicht klar und lesen das Wort so: „Polizist Sternchen In-

84

nen". Mit dem Doppelpunkt haben sie allerdings weniger Probleme.

Ähnlich ist es mit Ärzt*innen und Kolleg*innen (hier fehlt den männlichen Formen das End-e). Besonders unmöglich erscheint der Genderversuch der Bezeichnung „Jude": „Jüd*innen" hat eine nicht akzeptable männliche Form „Jüd". Makaber ist es auch, daß diesem Begriff ein „Stern" angehängt wird – das erinnert an die Sterne, die Juden im 3. Reich tragen mußten. Weitere inakzeptable Gendereien ergeben sich für die Zigeunerbezeichnungen „Sinti" und „Roma", aus denen dann „Sinti*zze" und „Rom*nja" werden sollen, wie Genderianer vorschlugen.
Der „Rat für Rechtschreibung" lehnt aus diesen und andern Gründen das Gendersternchen und ähnliche Formen ab.

Wenn nun diese „-innen"-Formen gesprochen oder vorgelesen werden, dann hört man nur noch die weiblichen Formen: „Sehr geehrte Leser*innen" klingt so, als wären wir bei einer Frauenzeitschrift, die nur Leserinnen hat. Bei der gesprochenen Form verschwindet der männliche Teil zwangsläufig oder wird überhört. Eine Pause oder ein Stotterer („Glottisschlag") wird leicht zu kurz gehalten. Als Beispiel so einer Pause in normalen Wörtern werden Worte wie „Spiegel-ei", „über-all", „ver-eisen" oder „Post-amt" genannt. Nur sind das zusammengesetzte Worte, also eigentlich je zwei Worte. Henning Lobin vom Institut für deutsche Sprache in Mannheim sagte, daß so ein Glottisschlag formal betrachtet nicht hinter einer Wortendung stehen darf, wie es in „Lehrer*innen" der Fall sei. Dies verstößt gegen die strukturelle Position der Sprache.

Bei der „-innen"-Endung sind es ja nicht zwei Worte, und diese Endung kann zudem leicht mit der räumlichen Bezeichnung „Innen" verwechselt werden. Hört man nur:

Arbeiter*Innen;

fragt man, was mit den Arbeitern außen sein soll. Auch der folgende Satz wäre dann mißverständlich:

Die Schüler stehen außen, die Lehrer innen.

Oder dieser hier:

Liebe Mitarbeiter*innen im Innen- und Außendienst,

ist auch etwas unverständlich. Der Genderstern erzeugt jedenfalls zur Zeit die größten Widersprüche der normalen Menschen.

Da aber die feminine Form nicht das biologisch männliche Geschlecht beinhaltet, werden Männer hier schlichtweg ausgegrenzt, was ein Verstoß gegen den Gleichheitsgrundsatz im Grundgesetz bedeutet. Wenn man über das alte Rom und die „Vestalinnen" spricht, ist da ja auch kein männlicher „Vestal" mitgemeint. Die Verwendung allein der femininen Form geht sogar bis zur Gesetzgebung: Die Bundesjustizministerin Christine Lambrecht legte 2020 einen Gesetzentwurf zum Insolvenzrecht vor, in welchem fast überall nur feminine Bezeichnungen erschienen, also „die Richterin", „die Schuldnerin", „die Gläubigerin". Wenn in Gesetzestexten Männer nicht genannt werden, würde das Gesetz für sie gar nicht gelten. Zum Glück wurde der Unsinn im Kabinett abgelehnt, und Lambrecht mußte auf die übliche Sprache umstellen und überall die grammatikalisch masculinen Formen, die beide Geschlechter meinen, verwenden.

Der Irrsinn geht noch weiter. Angehörige eines sogenannten dritten Geschlechts (das es in Wahrheit gar nicht gibt) fühlen sich diskriminiert, da sie nicht mit angesprochen werden. Das grammatikalisch masculine Wort hatte ja alle biologischen Geschlechter, die es gibt umfaßt; so konnten sich die mit ihrem Geschlecht unzufriedenen Nörgler eines angeblichen dritten Geschlechts immerhin mit angesprochen fühlen. Nun werden nur noch die biologischen Geschlechter männlich und weiblich genannt. Unsere Genderwahnsinnigen haben dafür natürlich auch eine Lösung: Zwischen dem Hauptbegriff und der „-innen"-Endung soll beim Sprechen eine Pause gemacht werden und schriftlich der Unterstrich verwendet werden, genannt „gender gap" („Geschlechter-Kluft"). In einem Vortrag wird das sicherlich für Heiterkeit sorgen, wenn immer diese Sprach-Stolper-Pause gemacht wird. Noch kurioser ist der Vorschlag, statt der Pause ein Knacksen mit der Stimme zu erzeugen.

Dieses Knacksen kennen wir von den afrikanischen Buschmännern, einem Negerstamm der Kalahari, die eine fast ausgestorbene Klicksprache hatten. Das dürfte jeden einschlafenden Zuhörer eines langweiligen Vortrages schnell zum Lachen bringen.

Ganz abwegig ist es, bei Aufzählung von zwei Berufen einmal die feminine und dann im Wechsel die masculine Form zu benutzen. Die „Ärztinnen und Pfleger" hatte ich schon erwähnt. Jeder normal sozialisierte Mensch glaubt hier, daß tatsächlich nur weibliche Ärzte gemeint seien. Umgekehrt wäre es schon besser: „Ärzte und Krankenschwestern", einfach weil es bei „Krankenschwestern" eben früher fast nur weibliche Krankenschwestern gab. Heutzutage sind viele männliche Pfleger aus dem Ausland bei uns beschäftigt; aber daß man sie „Krankenbrüder" nennt, habe ich noch nicht gehört. Gerade bei der „Krankenschwester" zeigt sich ein traditioneller Sprachgebrauch, der real nur noch selten zutrifft: Früher waren es oft Ordensfrauen, „Schwestern", die die Kranken pflegten. Heute nicht mehr so oft, aber die Bezeichnung ist (zumindest im Volke) geblieben. Derartige Traditionen gehen mit dem Gendern unter. Auch die Stewardessen waren einst fast ausschließlich weiblich, heute gibt es auch Männer in dem Beruf, „Stewards", doch „Stewardeß" ist als Bezeichnung immer noch üblich – ein generisches Femininum.

Übrigens werden von der Universität Hamburg auch schon „Neopronomen" vorgeschlagen für Personen, die sich nicht für eines der beiden Geschlechter entscheiden wollen, auch aus dem Englischen oder Skandinavischen. In Schweden ist ja 2015 eigens ein geschlechtsloses Pronomen zu „han" (= er) und „hon" (= sie) eingeführt worden, „hen". Im Unterschied zu unserem „man" oder „es" bezieht sich dieses Neowort auf ein Individuum, ohne dabei sein Geschlecht zu bestimmen. Menschen, die dieses „hen" nutzten, waren laut einer Befragung in einer Studie positiver gegenüber Frauen und LGBTTIQ-Personen (Homo- und Transsexuelle) eingestellt. Darum also geht es den Genderwahnsinnigen, sie wollen uns die Bewohner Sodoms und Bewohnerinnen Gomorras (Homosexuelle und Lesben) schmackhaft machen, ohne Rücksicht darauf, was Gott in der Bibel dazu sagt (3. Mose 18, 22 und 29):

»Du sollst nicht bei Knaben liegen wie beim Weibe; denn es ist ein Greuel (...) Denn welche diese Greuel tun, deren Seelen sollen ausgerottet werden von ihrem Volk.«

Die Vorschläge für uns Deutsche betreffs von Pronomen haben unter anderem:

er_sie;
they;
per;
hen.

Für das erwähnte schwedische Neowort „hen" wird folgender Beispielsatz angeführt:

»Kim Müller hat eine hervorragende Dissertation zur Geschichte Albaniens geschrieben. Hen hat methodisch dafür ein breites Quellenkorpus verwendet; theoretisch bezieht hen sich primär auf die Oral History.«

Wahnsinn mit System! Mich erinnert das „hen" an engl. „he" (=er).

Wer glaubt, irgendwann ist Schluß, der irrt sich. Jeder Wahnsinn ist noch steigerungsfähig und Wahnsinnige lassen sich weder durch Argumente, noch Verbote stoppen.

Da gab es auf der Berliner Humboldt Universität bis 2016 einen weiblichen Professor für Gender Studies, Fräulein Antje Hornscheidt, die sich zu keinem der beiden biologischen Geschlechter zuordnen will und ihren Vornamen in „Lann" änderte. Sie will nicht mit „Liebe" oder „Lieber" angeredet werden, weil dies auf ein bestimmtes Geschlecht hinweise (wer unsere Sprache verunstalten will, der ist ja auch tatsächlich nicht „lieb"), genauso nicht mit „Herr Professor" oder „Frau Professor(in)", schon gar nicht mit „Fräulein Professor", sondern geschlechtsneutral, und schlug dafür vor:

Sehr geehrtx Profx. Lann Hornscheidt.

Die Anrede soll

Liebx Professx / Liebx Profesx

lauten. Für Studenten gibt es inzwischen auch

Studierx.

In der Mehrzahl lauten die Begriffe dann:

Professxs;
Studierxx.

Das Fragepronomen („wer?") lautet dann:

Wex?

Als Fräulein Hornscheidt damit 2014 in die sozialen Medien ging,
gab es eine entsprechend große Aufregung. In den Kommentaren
hieß es:

Wir haben andere Probleme als diesen Genderwahnsinn;
Genderseuche;
Das meint das wirklich ernst?;
abartige Gedanken;
einfach nur geisteskrank;
ein Luxusproblem einer verblödeten Gesellschaft.

Überhaupt hätten sich die Intellektuellen, ebenso wie auch bald die
Universitäten, in Deutschland erübrigt, und es sei ein Skandal, daß
dies von Steuern bezahlt werde. Die Gesellschaft für dt. Sprache,
die – wie ihre Unwörter des Jahres gut zeigen – eher links ist, hat
hier noch folgende Beispiele:

Dx gutx Lehrx,
Ex (Einx?) Schülx und x's Freundx;

Auch für normale Berufe fand man entsprechende Bezeichnungen:

Bäckerx;

Das ist die Mehrzahl von Bäcker. Zum Glück hat sich dieser Wahnsinn nicht durchgesetzt. Als Alternative zu der schwer lesbaren x-Schreibung wurde von Frl. Hornscheidt schon 2013 eine a-Schreibung genannt. Der Begriff „Mitarbeiter" wird in Einzahl und Mehrzahl dann zu:

Mitarbeita, Mitarbeitas.

Aus den „Berlinern" werden danach die

Berlinas.

Und der „Bäcker" wird zu

Bäcka.

Matthias Heine (Welt) schrieb am 1. 5. 2015 dazu:

»Ich halte Gender Studies für einen großen pseudowissenschaftlichen Humbug. Die Existenz von nach BAT-Tarifen bezahlten Professorinnen in jenem Voodoo-Fach ist ein unschlagbares Argument für Kürzungen im offensichtlich überalimentierten deutschen Bildungsbereich.«

Kapitel 11

Sprachverbote

Unsere Sprache beeinflußt unser Denken, das ist eine altbekannte Tatsache. Wer also die Sprache selbst beeinflußt, der beeinflußt auch unser Denken, was bis hin zur Manipulation führt. Umso bedenklicher ist es, daß es inzwischen regelrechte Sprachverbote gibt, die sich insbesondere gegen Andersdenkende, also Menschen, die einem von der Politik verordneten oder vorgegebenen Mainstream nicht entsprechen, richtet. Diese Verbote sind nicht nach bestimmten Gesetzen verboten, sondern es gibt unterschwellige, ungeschriebene Verbote. Wer sich nicht danach richtet, der wird in der Öffentlichkeit geächtet, von den Medien ignoriert, und seine Karriere ist auch am Ende.

Eine gewisse Sprachkosmetik kennen wir schon aus den 70er und 80er Jahren des vergangenen Jahrhunderts: Da redete die Politik nicht vom „Waldsterben", sondern von „neuerlichen Waldschäden"; da vermied man die Bezeichnung „Atomkraftwerk", da sie doch sehr an „Atombombe" erinnerte, und nannte so ein gefährliches Kraftwerk „Kernkraftwerk" – das klingt wie „Kernobst" oder Brot mit ganzen Kernen; es klingt gesund und natürlich. Die Regierung eines Landes, mit dem die Politik Deutschlands irgendwelche Probleme hatte oder wähnte, sie zu haben, wurde grundsätzlich zum „Regime". Manchmal hilft es, solche Begriffe anders anzuwenden, um ihren negativen Bedeutungsanteil zu veranschaulichen.

Wie klingt es, wenn man unsere derzeitige (2021) Regierung das „Merkel-Regime" nennen würde? Präsidenten von Staaten mit vermeintlichen Demokratie-Defiziten werden in den Medien schnell zu „Machthabern" statt sie mit dem Amt zu bezeichnen, welches sie innehaben.

Aus dem „Lehrling" wurde der „Auszubildende", und „Fräulein" wurde im Amtsverkehr abgeschafft. Übrigens kann man „Lehrling" auch nicht weiblich umformulieren, denn „Lehrlingin" gibt es nicht. Anhänger der NPD demonstrieren nicht, sondern ihre Demonstrationen werden in den Medien immer als „Aufmärsche" bezeichnet, um diese Gruppe besonders gefährlich-martial erscheinen zu lassen. Und es gibt auch keine „Nazi*in". Auch „Flüchtling" kann man nicht weiblich vergendern.

Während in den 70er Jahren steinewerfende oder häuserbesetzende Menschen noch „Chaoten" oder „Störer" genannt wurden, werden sie heute meist verharmlosend „Aktivisten" genannt.

Noch schlimmer sind regelrechte Wortverbote. Diese Verbote sind wie erwähnt in keinem Gesetz festgelegt, so daß der gesetzestreue Bürger sie kennenlernen könnte, um sich danach zu richten. Ja, derartige Verbote sind nicht einmal irgendwie „demokratisch" zustande gekommen. Ein Beispiel: Der Begriff „Neger" für einen Schwarzafrikaner. Bis Ende der 90er Jahre war dieser Begriff noch üblich und Einwände dagegen gab es selten. Dann geschah etwas, was man nicht klar bestimmen kann und plötzlich war der Begriff verpönt, und wer ihn weiterhin verwendete, konnte sogar wegen Volksverhetzung angezeigt werden (zu einer Verurteilung reichte es aber nie).

Aus der Zeit der beginnenden Ächtung dieses Begriffes stammt eine Folge der ZDF-Fernsehserie „Unser Lehrer Dr. Specht". Ich zitiere hier einmal den Text aus einer Folge von 1999:

»(Dr. Specht stellt eine geschlossene Kiste mit Negerküssen auf den Lehrertisch in der Schulklasse).

Dr. Specht: „Ich geb euch mal ein Stichwort: Es fängt mit ‚Neger‘ an und hört mit der zweitschönsten Sache des Lebens auf".

Schülerin: „Negerkuß?"

Dr. Specht: „Mehrzahl, will ja nicht nur einer 'nen Kuß haben, sondern jeder mindestens zwei" (…)

Schülerin: „Ich glaube, man sagt nicht mehr ‚Negerküsse‘, Herr Specht."

Dr. Specht: „Wie denn dann?"

Schülerin: „Schokoküsse".

Dr. Specht: „Wie kam es zu dieser Umbenennung?"

Schüler: „Weil die Bezeichnung ‚Neger‘ diskriminierend ist, sollst ja nicht wissen, Dr. Specht".

Dr. Specht: „Wie sagst du denn zu ‚Neger‘?"

Schüler: „Schwarzer".

Dr. Specht: „Sind zwar nicht alle Neger schwarz, aber das Wort, hergeleitet aus dem Lateinischen ‚niger, nigra, nigrum‘ gleich ‚schwarz‘ würde nur dann zum Schimpfwort werden, wenn man statt ‚Neger‘ in abfälliger Weise ‚Nigger‘ sagte. Natürlich hält das die Tugendwächter aller Länder nicht davon ab, uns ständig irgendwelche Worte im Munde zu verdrehen, oder sogar zu verbieten. ‚Political Correctness‘ heißt dieser Schwachsinn, der aus den USA kommend, jetzt auch uns erreicht, und verheerende Folgen gezeitigt hat. Ersatz für Hexenverfolgung, wenn sie nicht von Politikern und Professoren, sondern auch von wildgewordenen Emanzen, linken und rechten Hohlköpfen, und vor allem von Schreiberlingen gepredigt, die kein Blut, sondern im wesentlichen Tinte in ihren Adern haben, Sprachpolizisten, Sprachverbrecher allesamt, die jedes Substantiv, jedes Verb auf ihre rassische Reinheit untersuchen. Na gut, Ende der Schmährede. Euch fallen bestimmt noch andere Worte ein; Worte, die aus unserm Sprach-

schatz stammen und plötzlich nicht mehr genehm sind."
Schülerin: „Zigeunerschnitzel".
Dr. Specht: „Keine weiteren Fragen".«

Wobei ich feststellen muß, daß zu so einem ungeschriebenen „Sprachverbot" immer zwei gehören: Derjenige, der das Verbot aufstellt und derjenige, der es befolgt. Wenn wir als mündige Bürger solche Sprachverbote, die ja in Wahrheit heimliche Denkverbote und Gedankenbeeinflussung sind, eigentlich sogar Teil einer Gehirnwäsche, einfach ignorieren, dann laufen die Bemühungen dieser „Sprachpolizisten" ins Leere und wir retten unserem Land einen Teil der freien Meinungsäußerung.

Selbst Verlage säubern ihre Werke von diesem Begriff. So wurde der Vater von Pippi Langstrumpf, der als Weißer ein „Negerkönig" war, in den Neufassungen der Bücher zu einem „Südseekönig" umgeändert. Auch viele andere Werke, sogar Grimms Märchen-Gesamtausgaben oder Wilhelm Busch wurden entsprechend „gesäubert". Bei letzterem entfiel die Episode von Schmulchen Schievelbeiner in der Geschichte von Plisch und Plum; in der Grimms-Märchen-Gesamtausgabe wurden drei Märchen weggelassen.

Das erinnert doch sehr an die „DDR", die sogar historische Filme wie „die Feuerzangenbowle" zensierte. Auf die Frage des Direktors, was die einen Rausch simulierenden Schüler getrunken hätten, sagte der Schüler Ackermann: „Als gute Deutsche haben wir guten deutschen Wein getrunken". In der „DDR"-Fassung blieb noch „Wein getrunken". Als einer der Schüler die Geschichte der Goten an der Karte zeigen sollte, sagte er: „Die Goten saßen ursprünglich in Schweden. Dann gingen sie in die Gegend von Danzig ..." - Klar, daß die „DDR" den Namen „Danzig" herausschnitt, schließlich wollte man den sozialistischen Bruder Polen nicht verärgern.

96

In dem französischen Spielfilm „Die blonde Hexe" mit Marina Vlady kürzte die „DDR"-Zensur eine Szene, wo die Hexe ihren Zauber wiederholte – Zauberei sollte nicht als real möglich dargestellt werden. Aber in diesem Falle ging es nicht um Sprache.

Zurück zum Begriff „Neger". Da hat man als Ersatz „Schwarze" oder „Schwarzafrikaner" oder „Afro-Amerikaner" (= „Afrikanischer Amerikaner") erfunden. Letzteres auch dann, wenn diese Menschen schon Generationen in den USA leben. „Schwarze" ist allerdings auch nur Übersetzung von „Neger". Dann gab es noch „Farbige" (für Mischlinge von Negern und Weißen, Mulatten) und „colored people", heute gilt in den USA nur „People of Color" oder „Black" noch als politisch korrekt.

Ein anderer Begriff ist „Zigeuner" - die Sprachpolizisten definierten ihn als rassistisch bzw. diskriminierend, obwohl Zigeuner selbst ihn für sich verwenden, und selbst wenn über diesen Begriff diskutiert wird, ist er nur das „Z-Wort" wie Neger das „N-Wort" ist.

Auch das Wort „Mohr" soll bekämpft werden. In Berlin wurde der U-Bahnhof „Mohrenstraße" umbenannt. „Mohr" kommt aber nur von „Maure" (= der Braune) und Mauretanien.

Wer also heute derartige Begriffe in der Öffentlichkeit benutzt, riskiert, wegen Volksverhetzung angezeigt zu werden. Eine Beleidigung liegt nach den Sprachpolizisten dann vor, wenn sich jemand beleidigt fühlt, nicht erst dann, wenn auch objektiv eine Beleidigung erfolgt ist. Das ist eine besonders bedenkliche Entwicklung, denn es muß für eine Beleidigung objektive und nachvollziehbare Tatsachen geben, nicht willkürliche Emotionen, die der Beleidigte angeblich hat. Wenn man die schwarze Hautfarbe eines Menschen wahrnimmt und dafür ein Wort wie „Schwarzer" oder „Neger" wählt, was ja zutreffend ist, dann kann keine Beleidigung vorliegen. Facebooks automatische Worterfassungsprogramme klingeln aber, wenn sie den Begriff „Neger in einem Post finden und sperren gegebenenfalls den Urheber. Wer den Vorgaben der Sprachpolizisten nicht folgen will, muß das Wort einfach mit einem Leerraum schreiben: „Ne ger", das überlistet die Programme. Oder das e durch ein ε (Epsilon) oder ein anderes, passendes Sonderzeichen ersetzen. Da die Zahl 9 dem kleinen **g** ähnelt, ist auch sie möglich: **Ne9er**.

Es gibt auch unauffälligere Sprachveränderungen, die von den politischen Falschspielern in Umlauf gebracht werden. Daß derartige Begriffe sofort und unkritisch von den Medien aufgegriffen werden, zeigt deutlich, wie abhängig unsere Medien von den Politikern sind. Das ist Hofberichterstattung vom Feinsten. Eines dieser unauffälligen Worte heißt „Geflüchtete" an Stelle von „Flüchtlinge". Die Begründung ist eine doppelte: Da es „der Flüchtling" heißt, will man das Wort natürlich gendern, zumal man auch verschleiern will, daß die meisten Flüchtlinge junge Männer, islamistische Gotteskrieger sind, die in unser Land kamen. Außerdem hieß es, daß die Endung „-linge" negativ klinge, daher soll sie vermieden werden. Aber „Impflinge" läßt man stehen.
Etwas ähnliches tat schon die Czechei, sie wollte, daß ihr Land in Deutschland „Czechien" oder „Tschechien" heißen sollte.

Wir Menschen haben Gefühle; diese zu verdrängen, wäre unmenschlich und wohl im Wesentlichen auch unmöglich. Ja, es wäre ein Akt gegen unsere menschliche Natur und unser Menschenrecht, wäre es uns untersagt, ablehnende Gefühle zu haben und auch zu äußern. Es muß uns also auch erlaubt und möglich sein, negative Gefühle, die wir – aus welchem Grunde auch immer – haben, zu äußern. Und wir haben auch Vorurteile; diese sind teils durch unsere Erfahrungen bedingt, auch durch das, was uns andere erzählen und durch unsere Genetik. Vorurteile schützen Menschen davor, sich in Kreise zu begeben, die nicht wohlwollend sind. Auch Vorurteile muß man haben dürfen und äußern können in einer Demokratie.

Inzwischen ist es in Deutschland so, daß eine Mehrheit der Menschen der Aussage zustimmt, daß man nicht mehr alles sagen darf oder kann, was man will. Das ist bedenklich für eine Demokratie.

Ich plädiere dafür, daß wir alle Worte benutzen, die wir wollen ohne Rücksicht auf die unterschwelligen Verbote der Sprachpolizisten. Wenn das alle tun, haben diese Sprachpolizisten keine Chance. Eine Einschüchterung ist nur dann möglich, wenn sich Menschen auch einschüchtern lassen; haben sie Civilcourage, lassen sie sich nicht einschüchtern. Eine Demokratie ist nicht möglich, wenn es Sprach-, Rede- und Denkverbote gibt, die die freien Meinungsäußerungen einschränken.

Kapitel 12

Verpflichtung zur deutschen Sprache

Warum stört uns die Genderei so? Warum lassen wir nicht jeden so sprechen, wie er will? Ja, das lassen wir tatsächlich. Jeder Mensch soll so sprechen können und dürfen, wie er will; Sprachverbote und Denkverbote darf es nicht geben. Politiker können je nach ihren Vorstellungen eine veränderte Sprache benutzen, sogar die privaten Medien und jeder Bürger.

Aber bei den Universitäten und öffentlich-rechtlichen Medien sieht es anders aus. Diese werden nämlich aus unseren Steuergeldern und Gebühren finanziert und sind daher der Gesellschaft, dem Volke gegenüber verpflichtet. Während Politiker dafür werben können, daß man Gendersternchen und Binnen-Is benutzt, haben die Staatsmedien und aus Steuergeldern finanzierten Universitäten dieses Recht nicht. Gebührenfinanzierte Medien sind verpflichtet oder müßten verpflichtet sein, die Sprache ihres Landes zu sprechen, ohne Neuschöpfungen und Veränderungen, die ideologisch begründet sind. Es ist nämlich nicht ihre Aufgabe, dem Bürger irgendetwas „beizubringen", was es bis dato noch nicht gibt oder ihn zu beeinflussen, sondern sie müssen die Sprache des Volkes sprechen, wie sie vorgefunden wird, wie sie mehrheitlich üblich ist. Oder wie es Martin Luther sagte: „Dem Volke aufs Maul schauen". Derzeit ist eine Trennung des normalen Sprachgebrauchs der Bürger und des gegenderten der Politiker, Universitäts-Angehörigen,

Medien und Systemmitläufer zu beobachten. Das trägt mit dazu bei, daß Politiker sich als Elite immer mehr vom Volke trennen. Zwar haben Parteien und private Medien durchaus das Recht, einen anderen Sprachgebrauch zu fordern, doch dabei sollten sie die grammatikalischen Tatsachen nicht ignorieren, und dieser neue Sprachgebrauch darf dem Volk nicht ohne Abstimmung aufgezwungen werden, denn das ist undemokratisch. Und so eine Abstimmung darf nicht von den Politikern gemacht werden, sondern müßte eine Volksabstimmung sein, und nur bei $^2/_3$ Mehrheit dürften Veränderungen stattfinden. Könnten darüber Politiker mit einfacher Mehrheit entscheiden, dann könnte es geschehen, daß sich mit jedem Regierungswechsel auch die Sprache jeweils ändert.

Nein, es gibt kein stichhaltiges Argument für Gendern. Daß manche Personen nicht das denken, was Systemlinge wollen oder fordern (nämlich bei „Polizisten" nicht auch an weibliche Polizisten zu denken), ist deren Sache. Der Staat, die Staatsmedien haben nicht das Recht, uns unsere Gedanken und Assoziationen zu nehmen oder in einem politisch gewollten Sinne zu beeinflussen.

Ich erwarte von Journalisten und Medien das Beenden der Genderei und daß sie aufhören, an unserer traditionellen Sprache zu nörgeln. Und wenn sie männlich dominiert sein sollte (was ich bestreite) dann ist das eben so, ist unsere Tradition, und nur politische Parteien könnten dafür werben, daß dies von der Mehrheit der Gesellschaft in demokratischer Volksentscheidung geändert wird.

Wer etwas für die Emanzipation tun will (was ein politisches Ziel ist und deswegen auch nur in die Politik, nicht die Medien gehört), der sollte sich um die wirklich entscheidenden Gebiete kümmern, nicht mit aufgezwungener Genderei seine eigene Sprachunkenntnis, seine emotional begründeten Ideologien zur Zwangsregel erheben.

Aber genau das ist der Fall. So schrieb der ZDF Intendant Thomas Bellut an einen Kritiker (Spiegel 10/2021, S. 15):

»Wir haben uns darauf verständigt, für die schriftliche Kommunikation ab sofort den Genderstern (Asterisk) zu verwenden, und einen Leitfaden mit entsprechenden Hinweisen veröffentlicht.«

Die Genderei der ZDF-Moderatorin Petra Gerster ist inzwischen bekannt; immerhin führte und führt das zu zahllosen Protestanrufen und Protestmails. Einer Moderatorin, von den Zwangsrundfunkgebühren der Öffentlichkeit bezahlt, darf es aber nicht gestattet sein, eigenmächtig den Zuschauern ihre Sprachveränderungen aufzuzwingen, insbesondere da diese Genderei einer linksextremen Ideologie entstammt. Das widerspricht dem Neutralitätsgebot, und ich wundere mich, daß dagegen noch keine Klage vor dem Bundesverfassungsgericht anhängig ist. Es wird Zeit, denn wir haben das Recht, daß unsere Sprache ohne ideologische Veränderungen verwendet wird.

Die Richtlinie des Deutschlandradios von der ARD, zu dem auch der Deutschlandfunk-Kultur gehört, hatte ich schon zitiert. Dort wrd gegendert, obwohl der Abteilungsleiter Friederike Sittler selbst zugibt:

»Uns muß klar sein, daß ein Teil der Bevölkerung es nicht nachvollziehen kann, wenn wir so sprechen.«

Überall in der Politik ist vom „Mitnehmen" der Bürger bei politischen Entscheidungen die Rede, doch hier schert man sich nicht um solche Vorgaben. Das Volk ist immer noch das „dumme Volk" welches beeinflußt und belehrt werden muß, sogar über seine eigene Sprache und sprachliche Identität.

Viele Universitäten und viele Stadtverwaltungen haben sich inzwischen mit entsprechenden Gender-Richtlinien hervorgetan und zeigen damit, daß ihnen die Sprache des Volkes völlig egal ist, wenn es um Vermittlung der links-totalitären Ideologie des Genderwahns geht. Diese Richtlinien sind leider auch nicht freiwillig, sondern gelten für die Verwaltungsangestellten zwangsweise.

Auf die Frage, ob Studenten, die in ihren Arbeiten nicht gendern, schlechtere Noten bekommen, wird meist ausweichend geantwortet. Walter Krämer, Vorsitzender des „Vereins Deutsche Sprache" weiß von vielen derartigen Fällen; mir selbst ist ein Fall eines Lehramtsstudenten der Universität Göttingen bekannt. Diese Universität lehnt Magister (Bacchelor)-Arbeiten ab, wenn darin nicht „gegendert" wird, wenn darin also z. B. von „Verbrauchern" geredet wird und nicht auch „Verbraucherinnen" erwähnt werden. Und bei der Kasseler Universität heißt es (auf der Netzseite):

»Im Sinne der Lehrfreiheit steht es Lehrenden grundsätzlich frei, die Verwendung geschlechtergerechter Sprache als ein Kriterium bei der Bewertung von Prüfungsleistungen heranzuziehen.«

Inzwischen hat sich das Gender-Mem-Virus bereits in einzelne Unternehmen verbreitet. Beim Hamburger Onlinehändler Otto werden alle 4900 Mitarbeiter darin geschult, auf „geschlechtergerechte" Sprache zu achten. Auch der Audi-Konzern stellte eine Richtlinie auf, die die Mitarbeiter nahelegt, künftig „gendersensible Sprache" zu verwenden, und der Gesamtverband Kommunikationsagenturen (GWA) legte dazu Empfehlungen vor.

Der „Rat für deutsche Rechtschreibung" des Leibniz-Instituts hat die Aufgabe, zu dokumentieren, wie die gesprochene Sprache aussieht, um dann Vorschläge für das amtliche Regelwerk zu erarbei-

104

ten. Regeln dürfen aber nur auf Grund des allgemeinen Sprachwandels verändert werden. Wenn also das in voller Breitseite aus Politik, Universitäten und Medien erklingende Gendern sich weiter verbreitet, wie deren Ideologen es wollen, werden daraus letztendlich irgendwann Zwangsregeln für alle. Angesichts der Tatsache, daß wir Deutschen sehr regelungssüchtig sind und jede noch so dumme Sache dann befolgen, wenn es eine Regel dafür gibt, darf man Schlimmes befürchten.

Während die Franzosen jede ihnen neu vorgesetzte Regel und jedes Gesetz kritisch betrachten und sich sehr schnell dagegen erheben, um eine unsinnige Regel wieder abzuschaffen, sind wir Deutschen leider ein Volk von braven Untertanen: Wenn die „Herrschenden" etwas wollen, dann sind wir schnell, ja allzuschnell, in vorauseilendem Gehorsam dazu bereit, dies umzusetzen. Wenn man uns eine Regel in die Hand drückt, dann diskutieren wir die nicht, stellen sie auch nicht in Frage, sondern nehmen das Schwert und kämpfen für die Durchsetzung dieser Regel.

Ich muß es leider sagen: Wir sind hierarchiehörig und eigentlich nicht demokratiefähig. Deswegen konnte der Österreicher Hitler bei uns so leicht an die Macht kommen. Unser Volk ist ein Nährboden für Ideologien, wenn diese nur irgendwie durch Regeln begründet und befördert werden. Die Mörder in den KZs beriefen sich auf Gesetze und Regeln, anstatt die Tötungsanweisungen in Frage zu stellen und abzulehnen. Civilcourage war nötig, blieb aber aus. Heute ist es noch immer so, nur daß die Regeln nun nicht mehr von „National-**Sozialisten**" kommen, sondern von **Sozialisten** und Linksextremisten.

Die Genderwahnsinnigen bilden den Nährboden für den Genderwahn-Mem-Virus; begünstigt wird dessen Ausbreitung durch einen krankhaften Selbsthaß. Man schreit geradezu danach, irgendwelche Fehler, Unzulänglichkeiten, ja Dinge, die angeblich zur Gefahr werden könnten für die Gleichbehandlung, in der deutschen Sprache, aber auch in unserer ganzen Kultur zu finden. Durch die Schulen und die Politik wurde den Menschen jahrzehntelang eingetrichtert, daß in der deutschen Kultur irgendetwas ist, was zu einem Faschismus führte und wieder führen könnte. Daher muß diese ungeliebte, unperfekte und latent undemokratische Kultur gesäubert und bereinigt werden. Die Menschen, die sich dagegen sträuben sind es, die den gesamten Ungeist dieser Kultur verteidigen, weil sie ihn unterschwellig oder offen mittragen. Deswegen dürfen sie nicht gefragt und demokratisch mit einbezogen werden, denn diese Leute sind für Reformen verloren, sind anfällig für faschistische, rassistische und menschenfeindliche Ideologien. Für sie bleibt allein die Anordnung, an die sie sich zu halten haben, und ggfls. die Bestrafung.

Mit diesem Vorgehen aber offenbaren die selbsternannten Säuberer, daß sie sich in keiner Weise von den derart eingestuften Ewiggestrigen unterscheiden, denn der Versuch, den Menschen etwas aufzuzwingen ohne demokratische Verfahren, ist natürlich auch faschistisch, zeigt auf, daß die Genderwütigen denselben Ungeist mittragen, den sie angeblich ausrotten wollen.

Beide Seiten sollten also dringend einmal lernen, was Demokratie ist und wie sie funktioniert. Sprach- und Denkverbote, undemokratische Anordnungen und subtile Verbote sind keine Bestandteile von Demokratie.

Kapitel 13

Die Ziele werden nicht erreicht

Lassen Sie mich mal eine Annahme äußern, die ich für falsch und inhaltlich nicht zutreffend halte, wie ich schon dargelegt hatte. Angenommen, grammatikalisches Geschlecht und biologisches wären identisch, wie von den Gender-Wahnsinnigen behauptet wird.

Ist es dann sinnvoll, statt „Lehrer" (masculin) nun „Lehrkräfte" zu schreiben, um die Dominanz des Männlichen zu brechen? Sollte man statt „Fachmann" lieber „Fachkraft" schreiben und statt „Leiter" nun „Leitung" und für die Mitarbeiter „Belegschaft"? Ist etwas für angebliche Geschlechtergerechtigkeit erreicht, wenn masculine Begriffe durch neue ersetzt werden, die – man sehe genau hin – selbst feminin sind? Es heißt ja „die Lehrkraft, die Lehrkräfte", „die Fachkraft", „die Leitung" und „die Belegschaft"? Wenn Begriffe des einen Geschlechts durch Begriffe des anderen Geschlechts ersetzt werden, ist damit etwas gewonnen? Ist das nicht auch ein offener Angriff auf alles Männliche, also aggressiver Feminismus?

Die „AG Feministisch Sprachhandeln" der Humboldt Universität Berlin geht sogar in ihren Empfehlungen noch weiter und schlägt vor, konsequent und überall ein generisches Femininum (also allein die weiblichen Formen) zu verwenden. Man will den Spieß umdrehen und argumentiert, daß mit dem generischen Masculinum (traditionell) alle Geschlechter gemeint seien, also müsse das nun auch mit dem generischen Femininum so gehen. Es heißt dann bei den Warnhinweisen in der Medikamentenwerbung:

Fragen sie ihre Ärztin oder ihre Apothekerin.

Damit sind aber traditionell Männer nicht mitbezeichnet und also ausgeschlossen; doch darauf nimmt man keine Rücksicht, man verlangt ein Lernen und Umdenken, man will Konfrontation statt Ausgleich. Bei der Sächsischen Universität Leipzig werden seit einer Abstimmung 2014 alle Professoren, egal ob männlich oder weiblich, mit „Professorin" bezeichnet und angeredet. Und diese Professoren benutzen für sich selbst sogar auch die weibliche Form. So bezeichnete sich ein männlicher Professor selbst als „Linguistin". Die Bemerkung eines Bekannten zu einem ähnlich gelagerten Fall lautete nur: „Eierloser Schwanzlurch". Wer sich als Mann weiblich bezeichnen läßt, der hat keine Courage, der kann auch keinen Respekt einfordern, ja, der ist ein „Weichling", ein „unmännlicher Mann" ohne Ehre. Bei unsern Vorfahren war es eine schlimme Beleidigung, einen Mann irgendwie weiblich zu bezeichnen; wer das tat, mußte damit rechnen, sofort mit dem Schwert zur Verantwortung gezogen zu werden.

Selbst der linke StuRa (Studenten-Rat) der Uni Freiburg schrieb zur Verwendung weiblicher Begriffe:

»Ist es hilfreich, den Status Quo ins Gegenteil zu verkehren und statt des generischen Maskulinums das Femininum zu benutzen? Daß nur Frauen explizit angesprochen werden, wäre für die Lesenden zunächst ungewohnt. Viele würden sich daran stören, aber es würde auch schnell klar, daß vorher nur Männer genannt wurden – was genauso ungerecht war. Doch letztlich ist auch das nur eine andere Form der Benachteiligung, die allenfalls geeignet ist, Aufmerksamkeit zu erzeugen. Wir wollen, daß unsere Sprache alle Menschen gleichermaßen repräsentiert. Das sind nicht nur Männer und Frauen, sondern auch diejenigen, die sich in diese zwei Geschlechterkategorien nicht einordnen können oder wollen.«

(Den im Text fehlenden Genitiv habe ich selbst korrigiert). Warum überhaupt Änderungen der Sprache? Weil angeblich Frauen nicht ausreichend berücksichtigt werden, was gegen das Grundgesetz sein soll, welches besagt, daß alle Menschen, Männer und Frauen gleichberechtigt sind. Frauen sind Menschen, und deswegen haben sie das Menschenrecht auf Gleichberechtigung.

Wenn aber die oben gemachte Annahme stimmen sollte, daß grammatikalisch masculine Begriffe nur biologisch männliche Wesen bezeichnen, wie es die Genderwütigen ja wähnen, dann können sich Frauen nicht auf Menschenrechte berufen, denn mit dem masculinen Begriff „der Mensch" sind ja dann Frauen gar nicht gemeint. Sie wären nur gemeint, wenn „Mensch" gegendert würde: „Menschin". Können sich Frauen also auf Menschenrechte berufen, wenn sie – nach dem Wortverständnis der Genderer – gar keine Menschen sind?

Die linke „Gesellschaft für deutsche Sprache" schreibt dazu:

»Einige Personenbezeichnungen sind inhärent generisch und können bedenkenlos für beide Geschlechter verwendet werden, ohne daß sie eine weibliche Endung erhalten. Dazu gehören: Mensch, Person, Mitglied.«

Soviel zur Konsequenz. „Der Mensch" ist also nicht generisch masculin, sondern „inhärent generisch" [„eingeschlossen im allgemeingültigem Sinne" ?]. Hinter unklaren Fremdworten wird hier die eigene Inkonsequenz versteckt. Wenn grammatikalische Geschlechter (genus) mit biologischen (sexus) identisch sind, dann muß das wohl überall gelten, auch bei „der Mensch". Wenn „der Mensch" aber trotz des grammatikalischen männlichen Artikels nicht allein auf das biologisch männliche Geschlecht bezogen wird, dann ist das ein entscheidender Widerspruch zur Theorie daß das Genus gleich dem Sexus sei. Wenn dieses männliche Wort also Männer und Frauen bezeichnet, wie die GfdS selbst zugibt, warum sollte das dann bei andern Bezeichnungen (wie Bäcker, Arzt usw.) nicht auch so sein? Entweder „der" bezeichnet immer nur Männer, oder er tut es nicht. Dann gibt's keinen Grund für Genderei.

Nein, es zeigt sich: Die Behauptung, grammatikalisches Masculin schließe Frauen aus, ist falsch. Richtig ist, das grammatikalische Masculin umfaßt beide biologischen Geschlechter; dumm nur, daß man dies seinerzeit nicht anders benannt hatte, etwa „generisches Plenus" („alles umfassende Form") und nur dort, wo der Artikel „der" allein männliche Wesen bezeichnet, dann auch vom „masculinen Artikel" zu reden. Mit so einer Neudefinition könnte die Sprache völlig unverändert beibehalten werden, und es würde jedem deutlich, daß Begriffe wie „Bäcker, Arzt, Lehrer" nicht „generisches Masculin" sind, sondern „generisches Plenus" (ich bin kein Lateiner, vielleicht gibt es noch bessere Benennungsmöglichkeiten). Der Artikel „der" wäre dann nur in wenigen Fällen noch masculin, in der Mehrheit aber plenus. Das wäre ein Vorschlag von mir.

Zurück zur Realität. Derzeit bezeichnet das generische Masculin beide Geschlechter, wie bekannt. Durch die Verwendung gegenderter weiblicher Formen aber verliert das generische Masculin diesen neutralen Aspekt und wird allein auf das biologisch männliche Geschlecht reduziert und fixiert.

110

Das hat dann vier Folgen – nicht für uns, aber für künftige Generationen, die das dann in der Schule so lernen müssen.

Die erste Folge ist, daß nun alle, die das Gendern ablehnten, gezwungen werden, mit zu gendern, denn ansonsten würde die Mehrheit denken, sie ließen absichtlich alle Frauen weg, sie seien frauenverachtend, ja sexistisch und patriarchal.

Die zweite Folge ist, daß nun den Frauen selbst die Möglichkeit ihrer Erwähnung in einem geschlechterübergreifenden Begriff genommen wird. Das zeigt sich schon am Duden, der unter „Arzt" nun nur noch den männlichen Arzt versteht. Der weibliche Arzt ist hier nun außen vorgelassen, nicht mehr mitgemeint. Das ist eine Enteignung: Frauen haben sich gefälligst in ihrer aus weiblichen Begriffen gebildeten Kemenate aufzuhalten, sollten sich nicht in der Welt der Männer bewegen, da gehören sie jetzt nicht mehr dazu. Immer müssen sie nun auf ihr Geschlecht hinweisen, ob sie wollen, oder nicht, und werden damit dann auch irgendwie in den Augen der Männer auf ihr Geschlecht reduziert, ja vielleicht sogar „Freiwild". Wer als Frau überall darauf besteht, daß sein weibliches Geschlecht immer mitgenannt wird, der sucht vielleicht eine Liaison, eine sexuelle Beziehung, könnte man denken.

Die dritte Folge ist der nun starke Unterschied zum Englischen. Dort will man die Gleichberechtigung dadurch fördern, daß man unterschiedliche Bezeichnungen für die Geschlechter gerade vermeidet. Alle, die in England als Schauspieler tätig sind, werden als „actor" angesprochen; die weibliche Form „actress" gilt als verpönt. Weibliche Schauspieler wollen genauso behandelt und bezeichnet werden, wie ihre männlichen Kollegen. Würde man die weibliche Bezeichnung wählen, fühlten sie sich auf ihr Geschlecht reduziert oder als Teilmenge (weibliche Schauspieler in der Gruppe aller Schauspieler) stigmatisiert. So beschloß der „Guardian" – die englische Zeitung der feministischen Linken – nur noch das Wort „Actor" zuzulassen und „Actress" zu streichen. „Actress" komme genau wie „authoress", „comedienne", „manageress", „lady doctor", und umgekehrt „male nurse" aus einer Zeit, in der Berufe größtenteils von Männern ausgeübt wurden. Diese gegenderten Berufsbezeichnungen sollten heute, wo die Berufe allen Geschlechtern offenstehen, nicht mehr verwendet werden.

Es gäbe eine deutliche Diskrepanz zwischen deutscher Gendersprache und englischer Neutralsprache, was in Anbetracht der häufigen Verwendung des Englischen z. B. im Weltnetz zu Ungunsten des deutschen Weges sprechen würde. Auch einem Zusammenwachsen der Völker (in der EU sprechen viele Englisch, auch wenn England gar nicht mehr dabei ist) widerspricht das.

Die letzte Folge ist die Frage nach alten Büchern, Literatur, aber auch alten Filmen oder alten Synchronfassungen. Alle diese Werke würden dann dem aktuellen Sprachgebrauch nicht mehr entsprechen, teils mißverstanden werden, mißgedeutet als letzte Zeugnisse eines fiktiven Patriarchats und – auch das ist zu befürchten, da Verlage selbst vor Veränderung von Werken Astrid Lindgrens oder Wilhelm Buschs nicht zurückschreckten – würden nach und nach Werke der Weltliteratur gegendert, „um sie der heutigen Generation verständlich zu machen". Ein riesiger Wust von Umarbeitungen kommt auf uns zu und dort, wo es nicht einfach geht, verschwinden dann die Werke in der Versenkung (wie schon heute die alten deutschen Filme vor 1945 im öffentlich-rechtlichen Fernsehen). Synchronfassungen wie etwa „Star Trek Voyager", wo es oft heißt „der Captain" ohne Namensnennung, aber der Captain heißt „Kathryn Janeway" und ist weiblich, müssen dann verschwinden. Wir Deutschen neigen ja zu Bücherverbrennungen, Bilderstürmerei,

Namensaustilgungen, da wäre das nur ein weiterer Baustein auf unserer Untaten-Liste.

Festzustellen ist jedenfalls, daß für die Emanzipation mit Gendersprache nichts erreicht wird, außer, daß sich viele Menschen angewidert abwenden. Gendersprache bewirkt nicht gleichen Lohn oder bekämpft Diskriminierung; trotz Gendersprache wird es weiterhin Verbrechen an Frauen geben. Die Schere zwischen den „Eliten" und den Bürgern wird noch größer; sie sprechen dann ja nicht einmal mehr dieselbe Sprache. Nur „Systemlinge" oder „Systemhuren" sprechen so, normale Menschen nicht. Somit trägt die Genderei dazu bei, daß die Gesellschaft weiterhin gespalten wird, statt mitzuhelfen, daß die bestehenden Spaltungen überwunden werden.

Selbst einigen Gender-Befürwortern ist inzwischen klar, daß das Gendern die Sprache verändert und auch Nachteile hat. So führt diese neue Sprache zu Irritationen, da wir die Sprache in der Schule anders gelernt haben. Schon die Rechtschreib„reform" 1996 mit der Teilabschaffung des „ß" führte zu Irritationen und heftiger Gegenwehr. Unbekannte Wörter oder Satzstellungen empfindet unser Gehirn als anstrengender; es braucht mehr verarbeitungsmäßige Ressourcen. Das würde sich erst in Jahren nach und nach bessern. Viele Menschen haben den ganz zutreffenden Eindruck, ihnen werde nun vorgeschrieben, wie sie zu sprechen haben, zumal immer mehr Behörden und Kommunen Gender-Leitfäden veröffentlichen; die gleichgeschalteten Medien gendern, und die Politiker aller Parteien gendern in ihren Reden. Das führt zu einem Widerstand, der auch dazu führen könnte, daß Menschen nun grundsätzlich gegen mehr Gleichberechtigung eintreten. Tatsächlich wird in einigen Ländern eine gewisse Rückkehr zu konservativen Wertvorstellungen beobachtet; ob ein Zusammenhang mit der Gendersprache besteht, ist nicht sicher. Ein altes Sprichwort aber sagt, daß das Pendel immer auch in die andere Richtung ausschlägt, d. h. je schamloser es die Genderwahnsinnigen treiben, desto eher wird sich eine Gegenbewegung formieren.

Mal nachgefragt: Was wäre denn so schlimm daran, wenn unsere Sprache tatsächlich männlich dominiert wäre (was ich stark bestreite)? Männer haben nun einmal die Kultur stärker beeinflußt und geprägt, als Frauen, aus welchen Gründen auch immer. Das ist Teil unserer Geschichte, und man muß deswegen auch in der Sprachkultur Spuren davon finden. Dies wegzugendern ist wie ein Löschen der Geschichte, ist ein Verdrängen und Verschweigen statt einer Auseinandersetzung. Wie soll man einem jungen Menschen, der in einer komplett und vollständig durchgegenderten deutschen Sprache aufwachsen wird, noch verständlich machen können, daß einst Männer die Gesellschaft dominiert hatten, wenn keine Zeugnisse davon mehr vorhanden sind?

So radikal gingen nicht einmal die christlichen Missionare hierzulande vor. Sie ermordeten zwar Heiden, zerstörten ihre Heiligtümer und bauten Kirchen darauf, aber den Wochentagen ließen sie die auf heidnische Götter lautenden Namen. Nur aus dem Wodanstag machten sie den Mittwoch, da Wodan als höchster Gott nicht belassen werden konnte (nur in England und Teilen Hessens blieb der Wodanstag oder Wednesday erhalten).
Heiden und Christen waren Todfeinde, bekämpften sich blutig; später wurden heidnische Frauen als Hexen gefoltert und verbrannt, aber die Namen der Götter in den Wochentagen ließ man stehen. Warum können die Genderwahnsinnigen nicht unsere bisherige Sprache auch einfach so stehen lassen?

Daß die Genderianer letztendlich nicht aufgeben werden und wir Normalmenschen die Genderei nicht mehr loswerden, das bestätigt

der Mannheimer Linguist Henning Lobin, der auch im Rat für
deutsche Rechtschreibung sitzt, mit dieser Aussage (Spiegel
10/2021, S. 16):

»Die Gesellschaft wird sich nach und nach an die neuen Sprach-
konventionen gewöhnen. Es ist eine Realität, auf die wir uns
schon mal einstellen können. Sie wird nicht einfach verschwinden.«

Und er deutet an, daß sich der Rat für deutsche Rechtschreibung
wohl für die Genderei aussprechen wird. Ich will hoffen, daß es
nicht dazu kommt.

Der Verein für deutsche Sprache (VDS), eher traditionell ausge-
richtet, lehnt alle Genderversuche grundsätzlich ab. Das halte ich
für richtig.

Die eher linke Gesellschaft für deutsche Sprache (GfdS) in Wiesba-
den lehnt in ihren Leitlinien (August 2020) alle Gendereien, bei denen ein „-innen“ mit Doppelpunkt, Sternchen, Unterstrich, Hoch-
punkt oder Schrägstrich abgetrennt dem Wort angehängt wird, deswegen ab, weil es grammatikalisch bei vielen Berufen gar nicht
geht, etwa bei Ärzten, Bauern, Polizisten, Kollegen, weil entweder
die weibliche Form dann nicht stimmt oder der männlichen Form
die Endung genommen wird. Auch sind Sternchenformen, Dop-
pelpunktformen usw. technisch oft gar nicht machbar, da Lesepro-
gramme (z. B. für Blinde) diese Worte falsch vorlesen und Satzma-
schienen manche Zeichen gar nicht haben (z. B. das Gendersternchen als I-Punkt über dem kleinen i). Auch wenn Menschen Worte
mit Gendersternchen oder Gender-Gap vorlesen, kann es dazu
kommen, daß die Pausen zu kurz werden und Zuhörer nur die
weibliche Form hören.

Die GfdS unterstützt lediglich drei Gendermethoden, nämlich:

Die Doppellösung: „Bürger und Bürgerinnen",

Die Schrägstrichlösung: „Schülerinnen/Schüler", „Bauer/Bäuerin", „er/sie", „Lehrer/-in", „alle Bewerber/-innen", bei Begriffen mit Artikel: „der Lehrer/die Lehrerin" oder „der/die Lehrer/-in".

Ersatzformen: „der oder die Kranke", „d. Erziehungsberechtigte", „die Studierenden", statt „Rat eines Arztes" nun „ärztlicher Rat", statt „der Antragsteller hat ..." nun „wer einen Antrag stellt, hat ...", statt „der Antragsteller muß folgende Unterlagen beifügen" nun „folgende Unterlagen müssen beigefügt werden". Dabei wird allerdings genau das Gegenteil erreicht, was doch angeblich bezweckt war, nämlich das weibliche Geschlecht in der Sprache stärker hervortreten zu lassen. Mit geschlechtslosen Allgemeinformulierungen geht das ja nicht.

Nur bedingt hält die GfdS auch die Klammerformen für möglich: „Fahrer(innen)", „jede(r)", „Kolleg(inn)en", „Schüler(inne)n".

Wenn man ehrlich ist, dann muß man zugeben, daß unsere deutsche Sprache sich in keiner Weise eignet, wortgeschlechtsneutral geändert werden zu können. In jedem Satz, in jeder Wortendung ist ein grammatikalisches Geschlecht erkennbar. Man könnte bestenfalls Kleinigkeiten verändern, was dann aber jeder an andern Stellen und auf andere Weise tut, und was jeden Sprachnutzer, der es anders gelernt hatte, irritiert. Weder ist die Vermeidung jeglicher grammatikalisch masculiner Worte möglich, noch hilfreich. Auch die Ersetzung durch grammatikalisch feminine Begriffe ist keine Lösung, bringt nicht die erhoffte Geschlechtergleichheit. Es wäre einfacher, zu akzeptieren, daß die Sprache so ist, wie sie ist.

Kapitel 14

Gegenaktionen

Es stellt sich nun die Frage, wie wir als normale Menschen, die das Gendern ablehnen und unsere Sprache so lieben, wie sie ist, mit Genderwahnsinnigen umgehen sollten.

1. Genderei in den Medien.

Hier hilft nur, daß wir immer wieder in den Rundfunkanstalten anrufen oder Mails schreiben und uns über das Gendern in irgendeiner Sendung beschweren. Genug Argumente liefert ja dieses Buch, nämlich daß unsere Sprache nicht geschlechterungerecht ist, da grammatikalisches und biologisches Geschlecht nichts miteinander zu tun haben und schon die Einordnung des Artikels „der" als masculin nur eine willkürliche Definition war.

Wenn Zeitungen gendern, sollten wir unser Abonnement mit der Begründung, wir bezahlen nicht für eine ideologische Gender-Indoktrination, kündigen. Manchmal werden Ideologen gebremst, wenn es ums Geld geht.

2. In Diskussionsrunden, wo wir Zuhörer sind.

Wenn auf dem Podium Personen sitzen und gendern und wir nur Zuhörer im Auditorium sind, dann können wir nur bei jeder Genderei laute Zwischenrufe veranstalten: „Pfui", „Aufhören",

„Sprachverhuntzer“, „Sexisten“, „Systemlinge“, „Systemhuren“. Wenn andere Zuhörer so etwas tun, dann sollten wir ihnen beistand leisten und uns auch entsprechend äußern. Die Diskussionsteilnehmer müssen lernen, daß sie mit ihrer totalitären Ideologie bei uns nicht so einfach durchkommen.

3. Diskussionen, wo wir Teilnehmer sind.

Wenn wir selbst in einer Runde mitdiskutieren, sei es in der Öffentlichkeit (Medien) oder in privater Runde, und einer der Teilnehmer fängt an zu gendern, sollten wir eine Zwischenbemerkung machen: „Könnten Sie bitte die Genderei unterlassen und die Sprache so benutzen, wie es üblich ist?“. Wenn weiterhin gegendert wird: „Muß das sein?“, „Hören Sie doch auf mit Ihrer linksextremen (oder totalitären) Gender-Ideologie“, „Sie gendern ja immer noch – was für ein Problem haben Sie mit unser Sprache?“. Leicht ist es natürlich, wenn Diskussionsteilnehmer die femininen Formen allein oder mit unhörbaren Gendersternchen benutzen („Bürger*innen“), dann kann man sie damit veräppeln, daß man sie fragt, warum nur Frauen das tun sollen, indem man sie aufklärt, daß Männer nicht mitgemeint sind und daß deswegen ihre Rede unsinnig ist. Oder man fragt bei „Bürger*innen“ nach den „Bürgern außen“.
Wenn man selbst weiblich ist, dann zieht das Argument, daß durch die Genderei das Geschlecht unnötigerweise überbetont wird und damit diese Rede sexistisch ist, natürlich besonders: „Können Sie bitte mit ihrer sexistischen Geschlechtsbetonung aufhören? – Wir sind hier nicht in einem Swinger-Club, wo es auf das genaue Geschlechterverhältnis ankommt“.

Wenn es heiß hergeht, kann man auch zur „Nazikeule“ greifen, denn die Genderei wird von fast allen Politikern der Altparteien, teils auch von denen der AfD betrieben, dazu in den Staatsmedien

118

und bei den Universitäten. Genderei ist also die vorgegebene Ideologie, der „Mainstream". „Sie richten sich wohl immer nach dem, was Ihnen der Staat vorgibt?" „Dann können wir froh sein, daß wir nicht mehr im 3. Reich sind, denn da würden Sie die vorgegebene antisemitische Ideologie genauso brav übernehmen".
Der Publizist Roland Tichy machte es in einer Diskussionsrunde (im Servus-TV, in der Sendung „Links, Mitte, Rechts") so, daß er eine gendernde Teilnehmerin, die am Anfang ihrer Rede noch von „Bürgern und Bürgerinnen" sprach, danach aber nicht weiter genderte und von Impfkandidaten sprach, darauf aufmerksam machte und er fragte: „wo bleiben die Impfkandidatinnen" (oder so ähnlich, aus dem Gedächtnis zitiert). Also den Genderwahnsinnigen ihre eigene Inkonsequenz in jedem Satz vorhalten.

Auch ist es durchaus erheiternd, Genderformulierungen so zu übertreiben, daß es die ganze Lächerlichkeit des Genderwahns offenbart. „Liebe Bürger Innen und Bürger Außen". „Bürger Innen heißt, daß weibliche Bürger innen, also zu Hause am Herd bleiben sollten", „liebe Menschen und Menschinnen", „liebe Menschen und Frauen", „liebe Männer und Männinnen" (letzteres kommt in der Bibel vor). „Wenn Sie jetzt bitte auf ihren Stühlen und Stuhlinnen Platz nehmen würden", „halten Sie ihre Mund-In". „Sie sind leider nicht ‚In', wenn Sie Bürger-In sagen". „Liebe Genderwahnsinnige und Genderwahnsinnig*Innen".

Ich persönlich mache es übrigens so, daß ich ganz bewußt jede Form selbst leichten Genderns ablehne und daß ich sogar zu älteren Formen zurückkehre, die schon mehrheitlich in der Gesellschaft untergegangen sind. Ich benutze nur das masculine Wort, wie einst in der „DDR" üblich, „Dr. Angela Merkel" ohne eine „-in"-Endung. „Bundeskanzler Merkel", „Bundesfamilienminister Giffey", bei einer „Frau Doktorin Schramm" frage ich: „Auf welchem Gebiet ist denn Ihr Mann, Doktor Schramm, tätig?" und unterstelle, daß die Frau keinen eigenen Doktor gemacht hatte – ein wenig Strafe für die freche Verhuntzung unserer Sprache darf schon sein. Und natürlich verwende ich bei Frauen ohne Ehering die Anrede „Fräulein". Eine Anrede, die zwar im Behördenverkehr abgeschafft wurde (und damit Beamten im Dienst verboten ist), aber uns Bürgern ist sie nicht verboten worden. Wir dürfen immer noch sprechen, wie wir wollen.

Auf Formularen, auf denen gegenderte Sprache zu finden ist, streiche ich entsprechende Teile durch. Wenn es mich zu sehr ärgert, fülle ich amtliche Formulare in deutscher Schreibschrift aus, die ja immer noch zu den zugelassenen Verkehrsschriften gehört (in den 60er Jahren hatte die Kultusministerkonferenz diese Schrift als gleichberechtigte zulässige Verkehrsschrift eingeordnet).

Der Kampf der Genderianer gegen das grammatikalische Masculin ist ein Stellvertreter-Ersatz für die Bekämpfung der Männer in der realen Welt, und ich befürchte, wäre es ihnen möglich, würden die Genderianer ihn mit Waffen ganz handfest führen. Weil das nicht geht, leben sie ihren Männerhaß auf dem Gebiet der Sprache aus. Daß allerdings auch Männer sich daran beteiligen und „gendern", das ist für mich nicht nachvollziehbar.

Während sich die Genderwahnsinnigen ihre hohlen Köpfe zerbrechen, wie sie die Genderei für jedes Wort irgendwie noch steigern können, können wir unsere Phantasie nutzen, um uns gute Gegensprüche auszudenken. Eine gute und witzige Veralberung könnte die ganze Genderei wie ein Kartenhaus zum Einstürzen bringen.

Literatur

Fabian Payr, Von Menschen und Mensch*innen – 20 gute Gründe, mit dem Gendern aufzuhören, Springer Verlag 2021;

Barbara Rosenkranz, MENSCHINNEN: Gender-Mainstreaming – Auf dem Weg zum geschlechtslosen Menschen, Ares Verlag 2008;

Hanna-Barbara Gerl-Falkovitz, Frau – Männin – Menschin: Zwischen Feminismus und Gender, Topos 2016;

Harry Stahl, Genderwahn – Gender Mainstreaming in der Kritik, Create Space 2015;

Tomas Kubelik, Genug gegendert!, Projekte Verlag Jena, 2015;

Birgit Kelle, Noch normal? Das lässt sich gendern: Gender-Politik ist das Problem, nicht die Lösung, Finanzbuch Verlag 2020;

Birgit Kelle, Gendergaga: Wie eine absurde Ideologie unsern Alltag erobern will, Finanzbuch Verlag 2020;

Arne Hoffmann, Lexikon der feministischen Irrtümer – Politisch korrekte Vorurteile und männerfeindliche Mythen auf dem Prüfstand der Wissenschaft, Independettly published 2019;

Christian Günther (Hrsgb.), Genderismus: Der Masterplan für die geschlechtslose Gesellschaft, Frank & Frei 2017;

Constantin Vayenas (Hrsgb.), Der, Die, Das: Die Geheimnisse des deutschen Genus, 2018;

Alexander Ulfig, Gender-Studies – Wissenschaft oder Ideologie? Deutscher Wissenschaftsverlag 2020;

Weitere Bücher

Árpád v. Nahodyl Neményi, Demokratie wagen (erscheint Mitte 2021);

Árpád v. Nahodyl Neményi, Was unsere Märchen bedeuten – Deutung der bekanntesten Märchen aus der Sammlung der Gebrüder Grimm, Norderstedt 2015, 472 S., 96 Abb., ISBN 978-3-7347-9796-5, 16,80 €;

Árpád v. Nahodyl Neményi, Der Ursprung biblischer Mythen – Die Enträtselung christlicher Glaubensvorstellungen, Norderstedt 2015, 388 S., 52 Abb., ISBN 978-3-7347-7522-2, 16,80 €;

Árpád v. Nahodyl Neményi, Das geistige und materielle Weltbild – Wie sich das ganzheitliche spirituelle Weltbild vom Weltbild d. Materialismus unterscheidet, Norderstedt 2015, 128 S., 22 Abb., ISBN 978-3-7347-7323-5, 6,80 €;

Árpád v. Nahodyl Neményi, Adeliges Bewußtsein – Welches Selbstverständnis man als Adeliger in der modernen bürgerlichen Welt hat und wie man es lebt, Norderstedt 2013, 236 Seiten, 19 Abbildungen, ISBN 978-3-7322-8898-4, 14,80 €;

Árpád v. Nahodyl Neményi, Der Slawen-Mythos – Wie aus Ostgermanen ein Volk der "Slawen" mit fremder Sprache und Mythologie wurde, Norderstedt 2015, 210 S., 36 Abb., ISBN 978-37386-3786-1, 12,80 €;

Árpád v. Nahodyl Neményi, Charlotte – Eine Liebe in Berlin (Roman), Norderstedt 2019, 244 Seiten, ISBN 978-3-7494-5120-3, 14,80 €.

Erhältlich im Buchhandel, Onlinehandel oder direkt bei www.bod.de/buchshop (mit Leseproben).